WEINVIERTEL
KOCHBUCH

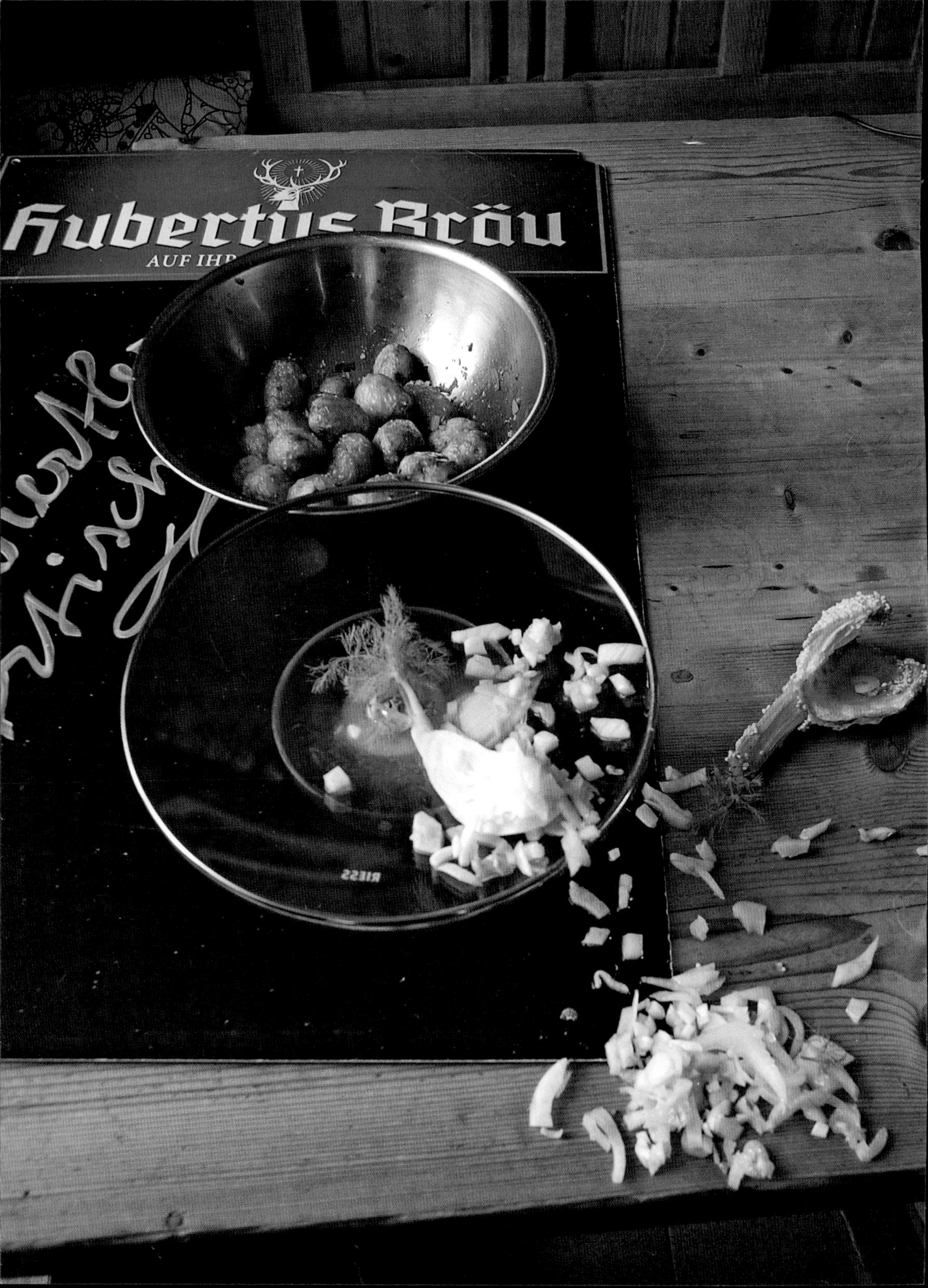
Hubertus Bräu

MANFRED BUCHINGER • WOLFGANG GALLER

WEINVIERTEL
KOCHBUCH

TRADITION • KULTUR • KÜCHE

METROVERLAG

FOTOS VON
MIGUEL DIETERICH

Weinviertel

MANFRED BUCHINGER

DIE ANLEITUNG ZUR EINLEITUNG

Eine Einleitung oder Anleitung zum Finden brauchen wir vielleicht doch, oder nicht?

Obwohl wir jetzt mit der A5 die nagelneue Autobahn haben. Aber beim Schnellankommen übersieht man manchmal, dass man schon „DO IS" (= da ist), und übersieht die herb dahinfließende Schönheit des Weinviertels, „das grüne Meer" hat der Komarek geschrieben – der muss es wissen, als Bad Ausseer. Kaiser waren auch bei uns da und sind wieder gegangen. Napoleon hat wenig übrig glossn, dafür sind wir in Paris mit viel Blut und Tränen schriftlich niedergehalten am Arc d'Triomphe, an der Rue de Wagram. Doch nun eine neue Zeit, man kommt durch wunderschöne Tunnel, über die man fast hat den Berg bauen müssen, weil kana do woa, spürt das Tempo der vorbeiflitzenden Lärmschutzwände – und wir haben viele und besonders schöne, nur noch sehr große Menschen sehen darüber hinweg. Unsereins erblickt eher das aus der Landschaft Herausragende, „die aufregenden Boten der neuen Zeit", Windräder, die der Professor Ferdinand nicht mag, der „Altmann" (schon als alter Mann geboren, sagt er immer), der eigentlich kein Professor ist, aber nicht weil er keiner sein könnte, sondern weil er sich sperrt, aber dafür echt Weinviertlerisch „isst": Jeden Sonntag a „Schnitzl" beim Buchinger oda aundaswo, ka Speiskortn, er möchte jo net lesen, er is zum Essen kuma!

Er, der nicht alles nimmt, was man ihm anbietet, aber übers „Viertel" mehr weiß als übers Essen und mehr weiß, als manch anderen recht ist, und er ist streitbar. Ich sage nur „Wind-Radl", immer unser Reiz-Thema!, er ist der einzige, wenn auch nur mit Worten, bewaffnete Pazifist!

Es gibt auch das Titel-Gegenteil, unseren historisch wertvollen Schreiber, den Galler Wolfgang, der war schon „Hofrat" fast als Ungeborenes, weil ja auch der Vater einer ist, der konnte sich nicht wehren, weil Spitznamen im Weinviertel mehr als Titel sind, Titel

kann man wegnehmen, Spitznamen bleiben und sind dir sogar
nach dem Leichenschmaus noch anhängig, da sind Würstel & Go-
lasch, Bier und G'spritzter längst schon verdaut ... Apropos: Unser
Buch soll ja auch der Anflug eines Weinviertler Kochbuches werden, viele haben sich schon daran versucht! Wir möchten es als Beginn sehen und hoffen in der zweiten Ausgabe dann auf Ihre bis vor
Kurzem noch so geheimen und nie aufgeschriebenen Rezepte ... denn
das Unvollständige ist zwar das Liebenswerte, aber Weiterentwi-
ckeln ist auch sympathisch ... also, wenn Sie was wissen, das wir
noch nicht haben, wir freuen uns. Aber bitte keine Pizza-Semmerln
auf unseren dafür vorbereiteten Blog über www.buchingers.at.
Weil des do is Weinviertel.

Volksschule Riedenthal, erbaut 1895

Gruss aus Riedenthal, Post Schleinbach, N.-Oe.

Buchinger
Gasthaus
Zur Alten Schu

Warme Speisen
&
Kalte Weinviertler Wein

www.buchingers.at

Kath. Gärtner's Gasthaus

WOLFGANG GALLER
ZUR KULTURGESCHICHTE DER WEINVIERTLER KÜCHE

Die Einflüsse auf die Küche im Weinviertel sind mannigfaltig. Die Gründe dafür sieht man in der bewegten Geschichte des Landes, so wird es zumindest oft kolportiert. Es sei aber zu dieser Phrase die Anmerkung gestattet, wo es denn keine „bewegte Geschichte" gegeben hat? Aber das nur so am Rande. Etwas skurril muten freilich, wie es in für Niederösterreich spezifischen Kochbüchern schon einmal vorkommen kann, die Aufzählungen von Völkern an, die die kulinarische Landschaft mit ihrer mehr oder weniger langen Anwesenheit geprägt haben sollen. Dabei sei es mir erlaubt, wenigstens den Einfluss der Hunnen und Awaren auf die Weinviertler Küche gelinde gesagt anzuzweifeln. Ebenso sind wohl auch die diversen „keltischen" Kräutersüppchen, die sich im Zuge des aktuellen Esoterikbooms einer großen Nachfrage erfreuen, eher das Produkt einer Marketingstrategie denn einer wissenschaftlichen Beschäftigung mit den gemeinhin als Kelten bezeichneten Gentes (Stammes- bzw. Völkergruppen). Auch wenn freilich deren Nahrung größtenteils ebenfalls aus Getreide bestand bzw. dem daraus hergestellten Brei und sie wohl Weinbau betrieben, doch das war bei der bäuerlichen Bevölkerung der letzten Jahrhunderte nicht anders.

Was kann man aber über eine Küche schreiben, die kaum als eine derartige wahrgenommen wurde und wird, was wohl auch daran liegt, dass sie keine, einmal vom Wein abgesehen, wirklich auf die Region verweisenden und am Markt prominent platzierten Spezialitäten hat?

Außerdem ist die Weinviertler Küche, hier im Speziellen die Küche des südlichen und östlichen Weinviertels, also der Umgebung von Manfred Buchingers „Alten Schule", in ihrer Tradition sicher alles andere als typisch eigenständig, verglichen etwa mit der Wiener Küche. Obwohl auch die Wiener Küche ein Konglomerat verschie-

denster Kochtraditionen darstellt, entstand eine eigene typische Küche, die jedoch vor allem dem Adel und dem reichen Bürgertum vorbehalten blieb. Die Ernährung der ärmeren Schichten berührte dies eher weniger. Dort ging es viel mehr ums Sparen, darum, möglichst alles zu verwerten. Wie bei anderen bäuerlichen und kleinbürgerlichen Küchen ist gerade das eben auch ein Merkmal der Weinviertler Küche, von der wir hier sprechen möchten.

Ein anderes Merkmal der bäuerlichen Kost war freilich deren Eintönigkeit im Alltag. Abwechslung brachten nur die Gerichte zu Festzeiten, die also an Feiertagen oder zu speziellen Anlässen auf den Tisch kamen: zur Hochzeit, zu Ostern, zu Weihnachten oder am „Hochfest der Weinviertler Burschen", dem Kirtag, dem gerade in dieser Region eine außergewöhnliche Bedeutung zugemessen wurde und der somit auch seinen Niederschlag in der Kochtradition fand. Diese aus dem Alltag herausragenden Tage sind es nämlich auch, über deren Speisen wir am besten informiert sind, da in den handgeschriebenen Kochbüchern die alltäglichen Speisen nur selten aufgezeichnet wurden.

Das Buch erhebt übrigens nicht den geringsten Anspruch auf Vollständigkeit, es sollen – neben den Rezepten – nur einige vergessene, mitunter heitere, vielleicht auch aus heutiger Sicht skurrile Geschichten zum Essen im Weinviertel festgehalten werden. Vielleicht ermöglicht es aber der/ dem einen oder anderen ein wenig, in eine eigene Welt einzutauchen – eine dörfliche Welt, die heute, verbunden mit dem wirtschaftlichen und strukturellen Wandel des 20. Jahrhunderts, nicht mehr so existiert.

WEINVIERTELKOCHBUCH

FESTTAGSKÜCHE

Im Folgenden soll ein kleiner Überblick über das Essen und die damit verbundenen Bräuche und Traditionen zu einigen besonderen Anlässen im Weinviertler Jahreslauf gegeben werden, variiert doch viel des Beschriebenen von Ort zu Ort. Es handelt sich dabei also eher um einen Versuch, einen Querschnitt durch das Weinviertel mit all seiner Vielfalt zu ziehen.

> *Weihnacht'n – Sau schlacht'n*
> *Liachtmess'n – z'sammgess'n*
> *Kimmt da Heilige Geist – ham ma koa Fleisch mehr*
> *(Spruch aus Riedenthal)*

Neujahr

Tage, die im kirchlichen Festkalender und somit auch in dem damit untrennbar verbundenen Brauchtum Bedeutung hatten (bzw. noch haben), waren meist auch mit speziellen Speisen verbunden.

So nahmen etwa die schon in der Antike verbreiteten Gebildgebäcke einen besonderen Stellenwert ein.

Im Weinviertel spielte zum Jahresbeginn der Striezel eine besondere Rolle, der mehrmals im Jahr zu besonderen Anlässen gebacken wurde, so eben auch zu Beginn des neuen Jahres. Zu Neujahr war er ein Geschenk für die Patenkinder aber auch für andere Kinder des jeweiligen Ortes, die mit Binkerln, in späterer Zeit freilich mit Plastiksackerln, ausgestattet, Neujahr wünschen kamen. Dazu gab es auch von Ort zu Ort variierende Sprüche. Einer aus Wolkersdorf, dem Riedenthal, die Heimstätte der „Alten Schule", 1967 gemeindemäßig einverleibt wurde, sei hier erwähnt:

> „Mir wünschn n'Großvatern a neues Jahr,
> s'alte is scho gar,
> in jedem Eck an deckten Tisch,
> auf jeden Tisch an bochan Fisch
> und dazui a Kannl Wei',
> da kann da Großvater brav lusti sei'!"

In dem Spruch ist bereits der Fisch erwähnt, denn auch er spielte zu Neujahr eine Rolle, nämlich in Form eines Gebildgebäckes. Die kleinen Fische bestanden entweder aus Biskuit- oder Lebkuchenteig und wurden vor allem am Morgen des 1. Jänners verspeist, und zwar beginnend am Schwanz – das sollte dann besonders viel Glück bringen. Teilweise wurde versucht, die glückbringende Wirkung der Speisen noch zu verstärken, indem sie mit einer anderen Symbolspeise verbunden wurden. So etwa in Hollabrunn, wo am Vorabend Fische aus Lebkuchen gegessen wurden und am Neujahrsmorgen oder zu Mittag dann ein Sauschädel, zu dem etwa in Leopoldsdorf Linsen gereicht wurden; ähnlich wurde dies auch in Floridsdorf gehandhabt.

Mit Neujahr ist ja auch das Schwein als Glückssymbol verbunden, und so verwundert es nicht, dass es verbreitet war, bereits am Morgen Sauschädel oder Schweinsrüssel zu essen, zu Mittag wurde dann analog dazu Schweinsbraten serviert.

In Zistersdorf oder auch in Ernstbrunn heißt es dazu: *„Wenn man Schweinskopf isst, kommt man im neuen Jahr vorwärts"*, weil das Schwein nach vorne scharrt.

Fasching

Im ausgehenden Winter war und ist der Fasching als Fest- und Tanzzeit mit seinem regen gesellschaftlichen Leben auch in kulinarischen Belangen wichtig. Häufig wurde noch einmal geschlachtet. Zur sogenannten Weinviertler Schlachtplatte gehören der Schweinsbraten, auch Lichtmessbratl oder Faschingbratl tituliert, Blunzen, Brat- und Leberwurst mit Sauerkraut, Bratensaft und Erdäpfelschmarren. Das Stockfleisch, der Sautanz, auch Sautod oder Bauernleber genannt, und vieles andere mehr, nebst Krapfen und anderen in Fett herausgebackenen Mehlspeisen, wie den blumenartig geformten, mit Marmelade gefüllten „Rosenkrapfen", gehören zu dieser ausgelassenen Zeit.

In manchen Orten gab es Heischegänge der Burschen, so z. B. in Obergänserndorf. Nachdem die Burschen dort in zwei Gruppen unterwegs waren, von denen eine „hintaus" ging, behalf man sich bei

Verweigerung der Herausgabe von Hühnern, Eiern oder Fleisch eben durch Selbstbedienung, das sogenannte „Heagreifen" – die Hausbewohner waren ja durch die „vornaus" marschierende Gruppe abgelenkt. Ein Maximalergebnis eines solchen Umgangs, der übrigens immer erst am Morgen des Aschermittwochs stattfand, konnte bis zu 400 Eier sowie etliche Hühner, Speck, Geselchtes und sogar einige Hasen umfassen. Im Anschluss daran wurden im Wirtshaus Eierspeisen mit bis zu 80 Eiern

in großen Reindln gemacht. Eine zweite Mahlzeit gab es am Abend desselben Tages, bei der jene Hendln, die nicht gegen Getränke wieder ausgelöst worden waren, in Paprika zubereitet wurden. Etwa gegen Ende der siebziger Jahre des 20. Jahrhunderts wurde der Termin des Heischegangs bereits auf den Faschingssamstag vorverlegt. In anderen Orten war dieser am Faschingsdienstag, so etwa in Hanfthal oder in Wulzeshofen. Der Verzehr der erbettelten beziehungsweise gestohlenen Eier konnte auch in Form eines Wettessens verlaufen, wie in Ameis. In Wildendürnbach trugen die Burschen bei ihrem Heischegang auch die passenden Verkleidungen, die zu ihrer kulinarischen Beute passten, so gingen sie als Kellner, Sautreiber oder „Oarlweiber". Auch im nicht weit vom Mittelpunkt des Buches, der Riedenthaler „Alten Schule", entfernten Seyring wurde ein derartiger Brauch praktiziert. In manchen Orten wurde, ähnlich wie in der sogenannten Unruh- oder Rügenacht zu Pfingsten (die Nacht von Pfingstsonntag auf Pfingstmontag), die Schwarte des Geselchten der bestohlenen Familie zu allem Überdruss auch noch an die Haustüre genagelt.

Interessant war auch der Heischegang in Unterstinkenbrunn, denn dort bekamen die Burschen von ihren Mädchen neben einem Sträußerl auch einen Krapfen; in diesen konnten Liebes-, aber auch Spottsymbole eingebacken sein, so etwa ein Schnuller, Geld oder auch Pfefferkörner.

Im Zusammenhang mit den Bräuchen, die den Schnitt zwischen Fasching und Fastenzeit überschritten, sei ob seines regionalen und auch kulinarischen Bezugs hier noch das „Russelessen" angeführt.

Unter „Russeln" sind kleine, mit Zwiebelringen, Kräutern und Gewürzen eingelegte Fische zu verstehen, ähnlich eingelegten Heringen. Auch das „Russelessen" wurde meist erst am Vormittag des Aschermittwochs durchgeführt und war sozusagen ein Vorgänger des heute verbreiteten „Heringsschmauses", der etwa seit der Wende vom 19. zum 20. Jahrhundert so bezeichnet wird. Bei diesem „Russelessen" gab es in einigen Orten die Sitte – etwa in Hautzendorf, Neubau-Kreuzstetten und Riedenthal –, nach dem Verzehr mit den Schwänzen der kleinen Fische herumzuwerfen, was dazu führte, dass diese mitunter noch länger am Plafond klebten oder die Anzüge der Männer zierten.

Man darf gespannt sein, ob Manfred Buchinger diesen Brauch nun in der „Alten Schule" in Riedenthal wiederbeleben wird.

Fastenzeit und Ostern

Auch die große vorösterliche Fastenzeit, die Zeit ab dem Aschermittwoch also, hatte ihre eigenen einfachen und bescheidenen Speisen. In diesem Zusammenhang ist heute noch den meisten der Gründonnerstag bekannt.

Über die Deutung des Tagesnamens wurde viel gemutmaßt, in der Bevölkerung setzte sich jedenfalls eine vegetative Erklärung des Namens durch, wonach es naheliegend war, etwas Grünes zu essen. Am bekanntesten ist natürlich der Spinat mit Spiegelei, jedoch gab es auch ganz besondere tagesspezifische regionale Gerichte. So wird aus Hollabrunn von einer „Siebenkräutelsuppe" berichtet. Interessant ist hier die Siebenzahl, auf die später (siehe S. 35 und 60) noch eingegangen wird. Zu den Kräutern, die variieren konnten, gehörten Löwenzahn, Brennnessel, Sauerampfer, Spinat, Brunnenkresse, Gundelrebe und Kleschkraut.

Am Gründonnerstag wurden auch die „Antlaßoa" eingesammelt. Der Name „Antlaß" bedeutet „Entlassung" (Entlassung aus dem Fasten), da nun das Ende der Fastenzeit nahe war, in der ja ursprünglich sogar der Verzehr von Eiern verboten war.

Den Antlaßeiern wird eine besondere Bedeutung zugeschrieben. Die Eier wurden nach dem Ausnehmen mit einem Kreuz auf der Schale gekennzeichnet. Ob sie gefärbt wurden oder nicht, war von der jeweiligen Ortschaft abhängig. In Riedenthal etwa wurden die „Antlaßoa" nicht gefärbt, im nur wenige Kilometer entfernten Hornsburg hingegen färbte man sie.

Einen kuriosen Gründonnerstagsbrauch aus Stockerau möchte ich noch erwähnen. Seit 1884 unternehmen die Männer der Stadt – damals angeblich durch den Osterputz der Frauen vertrieben – eine Wanderung nach Tulln durch die Donauauen und die angrenzenden Orte. Bei dieser „Gründonnerstagspartie" sind mehrere Stationen auch mit dem leiblichen Wohl verbunden. So wartet auf die Teilnehmer bei der ersten Station ein Riesenkipfel, eine Eier- und auch eine Schnapsstation folgen.

Am Karfreitag mit seinem Fleischverbot wird auch heute oft noch Fisch verzehrt bzw. sind typische Fastenspeisen die bereits am

Aschermittwoch erwähnten Russeln sowie Heringe und Bohnen. Im Marchfeld wurde der „Stocksterz" gegessen.

Für ihre Arbeit in Vertretung der nach Rom geflogenen Glocken, das Ratschen an den Kartagen, sammeln die Ratscherbuben bzw. -mädchen ihren Ratscherlohn. Als Beispiel sei Wulzeshofen genannt, wo die Ratscher, die für die Weinviertler Straßendörfer typischen langen Durchzugsstraßen zuständig waren, am Karsamstag gesondert sammeln gingen. Die Ratscher für die abgelegeneren „Unter-" und „Außenhäusler" fragten hingegen bereits während des Ratschens selbst, *ob der Hahn (sic!) schon gelegt habe*". In manchen Orten, wie etwa in Asparn an der Zaya, trugen die Ratscher zum Sammeln mit Buchs und Maschen schön geschmückte Sammelkörbe. Dabei gab es Sammelsprüche, die sich auch auf die zu erwartenden Eier als Gabe und die zu den Kartagen verstummten Glocken bezogen, wie der von Pillichsdorf: „*De Ratscherbuim warn do, tatn bitten um a rots Oa. Vo da Glockn is da Klachl brocha, hiatz kinna ma 'n nid zoihln*", oder auf das baldige Ende der Fastenzeit und die damit verbundenen kulinarischen Köstlichkeiten: „*Osterflecken sand no net gmui, a paar rote Oa a no dazui, nochad ham ma gmui.*"

In Kollnbrunn sehnte man das Ende des Stocksterzessens herbei, wie folgender Spruch zeigt: „*Stock, Stock, aus dem Haus, Fleisch, Kraut g'hört ins Haus, alle heiligen Fastenzeiten sind auch schon aus, Ratscherbuben täten auch bitten um Geld, Eier, Fleck'n und einen goldenen Weck'n*".

Meist wurden von den Ratschern übrigens rohe Eier gegenüber gefärbten und hart gekochten vorgezogen, weil sie diese dem Eierhändler verkaufen konnten und somit eine Kleinigkeit verdienten. Immer wieder wurde auf die schön gezierten Osterflecken in den Sprüchen Bezug genommen. So hieß es in Porrau (bei Hollabrunn) beziehungsweise in Königsbrunn: „*Mir ratschen, mir ratschen de Pumpersmetten, alle Weiber, stehts auf und bâchts Osterflecken – a rots Oa, Hammerfleisch, Ratschnbuim eah beste Speis [...]*".

Beim gerade erwähnten Hammerfleisch handelte es sich um einen Schweineschinken, der oft in einer Sur durchgezogen und geselcht wurde.

Nachdem am Karsamstag noch einmal ähnliche Fastenspeisen wie am Gründonnerstag und Karfreitag vorherrschten, kommt mit dem Ostersonntag das wichtigste kirchliche Fest des Jahres, was sich auch in der Speisenauswahl dieses Tages widerspiegelt.

Bei den Messen am Ostersonntag, heute bereits auch am Ende der Osternachtfeier am Karsamstag, erfolgt die Speisenweihe. Dazu werden in Körbchen verschiedene Speisen mit in die Kirche genommen, die der Priester segnet. Zu diesen gehören die erwähnten „Antlaßoa", Geselchtes oder, weit weniger häufig, gebratenes Fleisch sowie Brot, zu diesem festlichen Anlass oft Weißbrot, sowie Salz, mitunter auch Kren. Dazu kamen/kommen in manchen Orten auch Osterflecken, Gugelhupf oder Gebildgebäcke wie das Osterlamperl.

Nach der Messe werden die geweihten Speisen gegessen. Besonders berührend ist der gerade im Weinviertel verbreitete Brauch, ein Antlaßoa auf alle Familienmitglieder aufzuteilen und gemeinsam zu verzehren: *„Damit si koans verrennt"* beziehungsweise *„damit's wieder hoamfindt, wann si oans verrennt hat"*. Damit soll gewährleistet sein, dass man von überallher auf der Welt wieder nach Hause findet, wenn man an diejenigen denkt, mit denen das „Antlaßoa" gegessen worden ist.

Bereits seit dem 12. Jahrhundert findet sich die Eierweihe in der kirchlichen Liturgie, wurde das Ei doch im christlichen Kontext als Symbol für Auferstehung und ewiges Leben bereits in den Schriften des Bischofs Meliton von Sardes (in der heutigen Türkei) im 2. Jahrhundert angesehen. Deswegen spielt es auch eine derart große Rolle im österlichen Brauchtum.

Während Eier heute entweder bereits gefärbt gekauft werden beziehungsweise mit den eigens dafür erhältlichen Eierfarben behandelt werden, wurde früher mit verschiedenen Techniken gearbeitet. So etwa durch Kochen mit braunen Zwiebelschalen, Hobelscharten, Kaffeesud oder Frühlingsgräsern. Meist sind die Eier traditionell Rot. Oft wurden/werden die Eier liebevoll verziert. Ein Beispiel dafür bieten die Orte an der March, wo mittels einer Kratztechnik schwarz gefärbte Eier verziert wurden. In Schöngrabern wurde auf die Eier mit Hilfe von Scheidwasser der auferstandene Christus gezeichnet, und sie wurden mit dem Spruch „Nimm hin das rote Ei, es soll dir ein Zeichen sein, dass Christus von dem Tode auferstanden sei" versehen. In Frättingsdorf wiederum wurden mithilfe von Salznüssen Ornamente auf die gefärbten Eier gezeichnet, und in Prinzendorf wurde beim Färben ein Teil des Eis ausgespart, worauf dann „Frohe Ostern" und die jeweilige Jahreszahl geschrieben wurde.

Außerdem wurde nach der Auferstehung in manchen Orten, so etwa in Ernstbrunn, der herrliche Osterschinken verspeist. Dieser war, in Brotteig gehüllt, in der Glut des Backofens mit den Broten für die Feiertage mitgebacken worden. Am Ostersonntag gab es dann als Festtagsbraten eines der jungen „Goaßerln", oft zum großen Leidwesen der Kinder, deren Spielgefährten die jungen Ziegen gewesen waren.

Der österliche Gabenbringer für die Kinder, die in der Früh des Ostersonntags nach den Osternestern suchen, ist fast im ganzen Weinviertel der Osterhase, nur in den nördlichen Weinviertler Orten Wulzeshofen, Stronsdorf und Hanfthal ist dafür der Hahn zuständig. Neben Eiern und Osterlämmern oder Hasen aus Biskuitteig finden sich heute freilich vermehrt industriell gefertigte Süßigkeiten im österlichen Outfit in den Nestern.

Um das Ei, das Fruchtbarkeitssymbol par excellence, entwickelten sich in vielen Orten auch bei der Jugend Rituale: So war das Abholen eines roten Eis durch die Burschen bei den Mädchen sehr verbreitet, schriftliche Belege für das Schenken von Eiern zu Ostern gehen ja, wenn auch nicht für das Weinviertel, bis in das 14. Jahrhundert zurück.

Die oft erwähnte Rotfärbung der Eier, die nicht nur im Weinviertel traditionell am stärksten verbreitet war, ist übrigens ein direkter Verweis auf die liturgischen Farben der Kartage, ausgenommen des Gründonnerstags freilich. In Eichenbrunn war es üblich, gleich die Schale des verzehrten Eis als Zeichen der Anwesenheit vor dem elterlichen Haus des Mädchens zu hinterlassen. In Unterstinkenbrunn schlug man sich die Eier gegenseitig am Kopf auf. In Herrnbaumgarten, Schrattenberg, Waltersdorf und Drösing gab es am

Ostermontag einen Heischegang durch die Kinder, die „um a rots Oa" baten und sich dafür mit einem segenbringenden Schlag mit dem sogenannten Karbatsch (Kowatsch), einer geflochtenen Weidenpeitsche, bedankten.

In vielen Orten, vor allem in der Marchgegend, weit früher auch bis Mistelbach und Asparn an der Zaya hin, „karbatschten" sich die Burschen und Mädchen gegenseitig und schenkten sich dafür ein rotes Ei. Je größer die Liebe, desto heftiger sollen die Schläge ausgefallen sein. Das Verbreitungsgebiet verweist, wie der Name der Weidenpeitsche auch, auf die slowakischen Ursprünge des Brauchs. Dazu kommen freilich noch viele andere Bräuche rund ums Ei, wie etwa das verbreitete Eiertitschen oder Eierpecken.

Außerdem gab es eine Reihe von Gebildgebäcken, die freilich nicht nur auf das Weinviertel beschränkt waren, wie Osterflecken, Osterkipfeln oder Ortspezifisches wie das mit einem Zuckergusskreuz verzierte Osterbrot in Korneuburg. Vereinzelt gab es im Weinviertel auch Osterbeugel oder den Osterlaib, ein Weihbrot, wie groß angelegte Untersuchungen von Gebäckformen in den Jahren 1936 und 1956 zeigten. Beim Osterfleck handelt es sich um ein Gebäck in Tellerform mit einem wulstartigen Rand. Hergestellt wird er meist aus Weizenmehl mit Butter, Zucker, Eiern und Milch, wozu sich mitunter aber auch noch weitere Zutaten und Gewürze mischen können.

Natürlich kommt im Weinviertel wiederum der typische Striezel als Osterstriezel zu seinen Ehren. Freilich gab bzw. gibt es auch das Osterlamperl mit Auferstehungsfahne, das besonders in der Marchgegend in schönen alten glasierten Tonformen gebacken wird, sowie Hasen, Hennen, Eierringe und so weiter.

Kirtag

Kirito(g)

Zun Kirito(g) san eing'lond't mir
aufs Lond zu unsern Vedern;
an Luftsprung mocht der Voder schier:
„Nur schön sein söll's, nit wedern!"

Bein Essen hot sih bogen der Tisch
von Brotna und von Bochan,
der Wein dazui gonz kellerfrisch,
viel Bacht und süaße Sochan.

Beim Bloatn hobm's a Standerl brocht
und blosn fest und trummlt;
dazui hobm mir gleih poscht und g'locht,
san mit ins Wirtshaus bummlt.

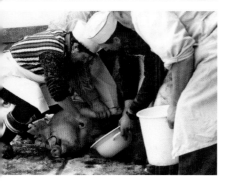

Do hobm ma(r) g'würfelt, keglg'schiebm,
recht schön hot g'spielt die Musi';
dö Jungan san am Tanzplotz bliebm,
mit'nonder g'hobt a G'spusi.

In on(d)ern To(g) is' g'müatlih wor(d)n,
kimmt ollas z'somm in Keller;
bein Essen, Trinka brauchst nit sporn,
bein Plausch rennt d' Zeit noh schneller!

A Kirito(g) is's schönste Lebm;
olls donkt bein Obschiednehma,
und d' Moahm hot noh an Bschoad mitgebm.
„Aufs Johr," hoaßt's „wiederkemma!"
(Adolf Jagenteufel)

Weil der Kirtag gerade im Weinviertel eine besonders herausgehobene Stellung unter den Jahresfesten innehatte, wurde er in diesem Buch schon mehrmals erwähnt.

Dass es sich beim Kirtag wirklich um ein „Hochfest" handelt, unterstreicht auch die Tatsache, dass wie an den höchsten kirchlichen Feiertagen zu Ostern, Weihnachten und Pfingsten auch beim Kirtag ein zweites Hochamt gehalten wurde – nämlich das Burschenamt am Kirtagmontag. Bei diesem kreiste übrigens bei den Kirtagburschen mitunter, gut unter der Kirchenbank versteckt, ein Doppler Wein, so etwa in Wolfpassing.

An diesem Fest wurde auch dementsprechend geschlemmt. Ein Bericht aus dem westlichen Weinviertel, nämlich aus Zemling im Bezirk Hollabrunn, um die Wende vom 19. zum 20. Jahrhundert beschreibt, was damals auf den Tisch kam. So fanden sich bei einer Familie manchmal bis zu 30 Personen, Verwandte und Freunde, zusammen. Nachdem für viele Mehlspeisen jedoch nur der Eidotter benötigt wurde, brachte dies mit sich, dass es am Freitag vor dem Kirtag nur eine „weiße Eierspeise" aus Eiklar gab, benötigte man doch an die 200 Eier. Es wurde Rindssuppe mit Leberknödeln, Rindfleisch mit Semmelkren und dazu Weißbrot serviert, was eine weitere Ausnahme bedeutete, da im Alltag ja meist nur Schwarzbrot üblich war. Darauf folgte Gänsebraten mit Häuptel-, Erdäpfel- und Gurkensalat. Dazu wurde der eigene Wein gereicht. Zur Jause gab es Kaffee, Gugelhupf, Torten und als „Krapferl" bezeichnete Kleinbäckerei. Zum Abendessen folgten Backhendl, Schnitzel und Schweinsbraten. Den Verwandten, die aus anderen Orten zum Kirtag auf Besuch kamen, wurde zum Abschied dann noch ein sogenanntes Bschoadessen (die Essensreste) mit nach Hause gegeben, mit diversen Kir-

tagsbäckereien, Torten und auch Weißbrot. In anderen Ortschaf-
ten, wie Ernstbrunn etwa, waren Backhendln bei vielen Familien
Höhepunkt des Kirtagessens.

In Riedenthal bestand das typische Kirtagsessen aus gekochtem
Rindfleisch, zu dem Dörrobst, genauer gesagt gedörrte Zwetschken, gereicht wurden. Es handelte sich also um ein süß-saures Gericht. Dass diese Geschmacksrichtung früher auch im Weinviertel
gar nicht so unüblich war, werden wir noch bei einigen anderen Rezepten sehen. Um gleich beim Thema süß-pikant zu bleiben: Ein
anderes Festtagsessen aus Riedenthal war gebackenes Fleisch, im
Normalfall herausgebackene Schweinsschnitzel, zu denen Apfel-
kompott aus möglichst sauren Äpfeln serviert wurde.

In vielen Orten wurde ein geschmückter Kirtagbock (Schaf oder
Geißbock) als Preis beim Kegeln ausgesetzt. Der Sieger war ver-
pflichtet, seinen Preis zu spendieren, der dann im Wirtshaus zubereitet und von der sogenannten Irken, den Burschen des Ortes, gemeinsam verspeist wurde. Dieser Brauch lässt sich für viele Weinviertler Orte, besonders für die nördlich der Leiser Berge, aber auch
südlich davon wie etwa in Wolfpassing, Traunfeld und Hautzendorf, bis nach dem 2. Weltkrieg nachweisen.

Die Bedeutung, die der Kirtag im Weinviertel hatte, unterstreicht
auch die Tatsache, dass es sogar in Notzeiten, wie während und nach
dem 1. Weltkrieg, an diesem Tag Fleisch zu essen gab, das im Alltag
fast gänzlich aus dem Speiseplan gestrichen war. In der Münichsthaler Schulchronik etwa wird vermerkt, dass 1920 ab Februar nicht
mehr geschlachtet worden war – es gab mehr als fünf Monate kein
Fleisch, bis endlich am 25. und 26. Juli der Kirtag kam, wo es trotz
der bitteren Notzeit Rind-, Kalb- und Schweinefleisch zu essen gab.

Vielfältiger waren die kirtagspezifischen Mehlspeisen. Im Bezirk
Korneuburg gab es die sogenannten „Kirtagschlangen" aus Germteig, in Großrußbach „Kirtagschlangerln" genannt. Kirtagflecken
oder die spiralförmigen Torteletten sind uns aus Hausbrunn, Kir-
tagkrapfen, Rosenkrapfen, Ingwerkrapferln und gemischter Zwie-
back aus Drösing bekannt. Die „Krapferln", also verschiedenes
Kleingebäck, waren und sind bis heute allgemein verbreitet. Auch

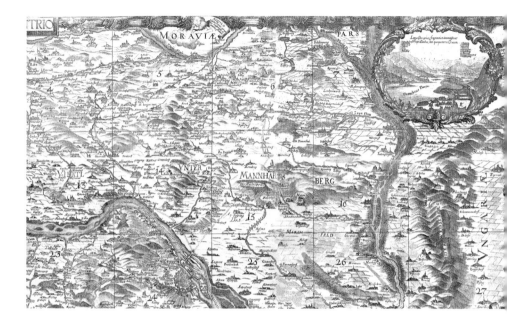

Schneeballen und Schnürkrapfen gehören zu den vielen festlichen Anlässen im Weinviertel. Bei den Konditoren gab es mitunter zum Kirtag besondere regionale Bäckereien, so in Korneuburg Butterteigkrapfen mit einer bunten weichen Spritzglasur.

Ebenso aus Korneuburg stammen die Berichte über einen ganz besonderen Kirtag, nämlich den Lebzelterkirtag am 10. August, dem Tag des heiligen Laurentius, des Schutzpatrons der Konditoren. Zwei Tage lang dauerte er und in einem wie zu Fronleichnam mit Laub geschmückten Hof gab es Standeln, die Herzen, Reiter, Wickelkinder und andere typische Lebkuchenformen feilboten. Nach einer „amtlichen Kostprobe" jeweils am Vortag wurde auch die Erlaubnis, am Lebzelterkirtag Wein und Met auszuschenken, erteilt. Er fand übrigens letztmalig im Jahr 1880 statt. Beliebt blieben die Lebzelterstände aber weiterhin auf den „regulären" Weinviertler Kirtagen. So wurden allein von Korneuburg aus 43 Kirtage und Märkte des Weinviertels in eine Entfernung von bis zu 40 Kilometern versorgt.

MUSEUMSDORF NIEDERSULZ UND DER BRANDLHOF IN RADLBRUNN

Leider ist es um das Schicksal der Ortsbilder im Weinviertel nicht gut bestellt. Seit den 1950er-Jahren wurden diese weitgehend zerstört, und dies sogar ohne dass Kriege über unser so oft in seiner Geschichte verheerte Land hinweggezogen wären. Der Grund der Zerstörungen Weinviertler Schönheiten war einerseits Ignoranz gegenüber dem Alten, andererseits brachte das beginnende Wirtschaftswunder offensichtlich die Notwendigkeit entseelter Zweckbauten mit sich. Daran hat sich bis heute nur wenig geändert, auch wenn es vereinzelt Lichtblicke gibt und sich auch wieder Gebäude finden, die es verdienen, mit dem Terminus Architektur versehen zu werden.

Mitunter haben sich noch typische architektonische Ensembles in Kellergassen erhalten, vor allem dann, wenn sie touristische Nutzung durch Kellergassenfeste oder Ähnliches erfahren. Ansonsten haben sich größere Ensembles der für das Weinviertel typischen Architektur nur in den seltensten Fällen „auf natürliche Weise" erhalten.

Es gibt aber auch Orte, an denen es noch möglich ist, architektonische

Ensembles, wie sie früher zu sehen waren, auf sich wirken zu lassen: In den letzten Jahren hat da besonders das Museumsdorf in Niedersulz von sich reden gemacht. Es ist Niederösterreichs größtes Freilichtmuseum und lädt dazu ein, das Weinviertel wiederzuentdecken, wie es einmal gewesen ist. Das Museumsdorf ist einem Weinviertler Zeilendorf nachempfunden, in dem sich regional typische Bauernhöfe, wie der Hakenhof und der Doppelhakenhof, an Handwerkerhäuser schmiegen, hinzu kommen die Häuser, die für das leibliche oder das seelische Wohlergehen der Dorfbewohner Sorge trugen und tragen – die Wirtshäuser auf der einen, die Kirchlein und Kapellen auf der anderen Seite.

Der Blick in die Innenhöfe der eher schlicht gehaltenen Bauernhäuser lässt vor den Besuchern die Welt der beschaulichen Innenhöfe von einst wiedererstehen, die mit architektonischen Elementen wie der „Trettn" überraschen. Diese Arkadengänge, die fast südländisches Flair vermit-

teln, wurden vermutlich der Bauweise des Adels nachempfunden.

Es ist aber nicht nur die Architektur, die hier rekonstruiert wurde, es sind auch die Vorgärten mit ihren Blumen, die Gemüse- beete und eine reiche Anzahl alter Obst- sorten, die in dieser „Arche Noah des Weinviertels" eine Heimat gefunden ha- ben und die Welt der Wende vom 19. zum 20. Jahrhundert vor Augen führen.

Außerdem kommen auch Feste, Bräuche, die bäuerliche Arbeitswelt und altes Hand-

werk nicht zu kurz, und das Wirtshaus des Museumsdorfes lädt die Be- sucher zum Verweilen ein, um sich mit Weinviertler Spezialitäten ver- wöhnen zu lassen.

Ein originales Baudenkmal ist auch der Brandlhof in Radlbrunn am westlichen Rand des Weinviertels, der mit einer urkundlichen Erstnen- nung 1209 auf eine gut 800 Jahre alte Geschichte zurückblickt. Der Hof selbst bildet mit den Bauwerken in seiner Umgebung, wie Pfarrkir- che und Pfarrhof, ein geschlossenes Ensemble.

Dieser Lehmbau, der ein äußerst wertvolles Zeugnis der bäuerlichen Architektur des Weinviertels darstellt, wurde im Zuge der Niederöste- reichischen Landesausstellung 2005 sensibel restauriert und mit neuem Leben erfüllt.

In den Stallungen des Meierhofs befindet sich eine Ausstellung zur Ge- schichte des Hofs und der Familie Brandl, die schon seit dem 18. Jahr- hundert im Ort Radlbrunn ansässig ist und den Hof bewirtschaftete. Im ehemaligen Wohnhaus verwöhnt eine Wirtsstube den Besucher mit Schmankerln und Wein aus der Region. Der Brandlhof wurde zu einem Begegnungsort für lebendige Volkskultur und -musik, Handwerk und Alltagsgeschichte, eine Brücke zwischen Vergangenheit und Gegenwart.

NEUJAHRSSCHWEINE

Für den 1-2-3-Teig oder Mürbteig:
1 = 1 Teil Staubzucker
2 = 2 Teile Fett (Butter)
3 = 3 Teile Mehl

Der 1-2-3-Teig ist ein herrlicher Formelteig, als Lehrlinge sagte man uns damals:
„Den kannst du auch aus 3000 Kilogramm Mehl machen,
2000 Kilogramm Butter und 1000 Kilogramm Zucker, mit dem Caterpillar
auf der Pasterze vermischen, damit er nicht brandig wird (zerbröselt)!
Sonst hast du viel Streusel für Streuselkuchen …"
Der Mürbteig muss auf jeden Fall kalt und schnell verarbeitet werden,
man kann daraus viele Formen und Figuren gestalten. In unserem Fall fesche
Neujahrsschweine formen und im vorgeheizten Backrohr bei 175° C
25 Minuten backen.

ORIGINAL WEINVIERTLER GEMÜSEWÜRZE

Die legendäre Suppenwürze des Weinviertels wurde immer im Keller
im Gurkenglasl aufbewahrt, heute sind es meist kleinere Glaserln, und die lagern
im Kühlschrank, dort hält die Würze durch das Salz fast ewig.

30 g getrocknete Steinpilze (Pilzlinge)
700 g Karotten
700 g gelbe Rüben
800 g Sellerie
250 g Burri (Lauch)
500 g Zwiebel
500 g Paradeiser
700 g Petersilienwurzel mit etwas Grün
2 Zweige Maggikraut (Liebstöckel)
1,2 kg Salz

Alle Gemüse werden gewaschen und mit dem Maggikraut im Fleischwolf
oder Cutter grob faschiert. Salz druntermischen,
in Drehverschluss- oder Drahtbügelgläser einfüllen und kühl stellen.

Für einen Liter klare Suppe ca. zwei Esslöffel Gemüsewürze verwenden
(verwendet man zu viel, wird die Suppe zu salzig).

Ein weiterer Vorteil:
Sollten Sie irgendwo in einem anderen Kochbuch (es soll angeblich noch andere neben
dieser, der „Weinviertler Kochbibel" geben) Röstgemüse oder Mirepoix lesen, rösten
Sie einfach einen Esslöffel von unserer Würze in etwas Schmalz oder Rapsöl an,
es verkürzt Ihren Arbeitsaufwand enorm, und das Ergebnis ist wunderbar.

SIEBENKRÄUTELSUPPE

*Warum sieben Kräuter? Es war vermutlich eine heilige oder Glückszahl,
beim Kochen im traditionellen Japan beispielsweise darf niemals die Zahl vier am Teller
sein, vier Stück von etwas bedeutet Tod.*

60 g Butter
50 g Dinkelmehl
7 Kräuter je nach Jahreszeit im gehackten Zustand
(ca. 4 EL, Wasserkresse, Sauerampfer, Gundelrebe, Schnittlauch, Estragon,
Petersilie, Pimpernelle, Liebstöckel, Thymian, Majoran etc.)
1 EL Weinviertler Gemüsewürze oder Vegeta
1 l Bauernvollmilch
evtl. Salz und Pfeffer aus der Mühle zum Abschmecken
Muskatnuss, frisch gerieben

Die Butter nussbraun erhitzen, Mehl darin kurz rösten, die Hälfte der gehackten
Kräuter kurz mitschwitzen, Suppenwürze dazugeben und mit Milch aufgießen.
Eventuell zwei in Würferl geschnittene Heurige Erdäpfel dazugeben,
kurz mitkochen, restliche Kräuter dazugeben, stabmixen, abschmecken.
In vorgewärmten Tellern anrichten, frischen Muskat darüberreiben.
Modisch bestreuen mit SonnentoR getrockneten Sonnenblüten!

EIERSPEIS (GANZ IN WEISS)

*Nur mit Eikloar – und ich dachte immer,
das hätten die Amis in ihrer Cholesterin-Angst erfunden!*

8 Eier (oder nur Eiklar)
Salz
20 g Butter
1 Bd. Schnittlauch
evtl. Pfeffer aus der Mühle

Eier mit Salz verquirlen, in der warmen Butter bei niedriger
Hitze und ständigem Rühren nur gerade stocken lassen.
Mit Schnittlauch anrichten.

Weil im Weinviertel immer wieder Eiklar beim Backen übrig blieb (siehe vorne) oder
gespart werden musste, wurde diese Eierspeis auch aus vom Backen übrig
gebliebenem Eiweiß, zu dem dann ein, zwei ganze Eier gegeben wurden, zubereitet.
Kleiner Nebeneffekt: So hat die Eierspeis deutlich weniger Kalorien!

RUSSELN MIT BOHNEN

1 Glasl Russeln (eingelegte Heringe)
mit viel Russnkraut (eingelegten Zwiebeln)
100 g weiße Riesenbohnen oder andere Bohnen
Salz, Pfefferschrot
40 ml Russlessig aus dem Glasl
40 ml Rapsöl

Bohnen über Nacht einweichen und dann in Wasser (es sollte fingerbreit
über den Bohnen stehen) ohne Salz (sonst werden Bohnen nicht weich!) kochen.
Abseihen. Bohnen auf Teller legen, salzen, pfeffern, mit Russlessig
und Rapsöl beträufeln, darauf Russen und das Russenkraut legen.

Wurde nach durchzechten Nächten zum positiven Wiederherstellen der Mägen
und Kopfzustände verwendet, am Faschingsdienstag oder Aschermittwoch wurden
von den Jungen die Fischschwänze gegen die Wand oder Decke geworfen,
wo sie mit etwas Geschick auch kleben blieben, die Riedenthaler waren so die
Vorfahren der „Sprayer" und sonstigen Wandmaler im öffentlichen Bereich.

EIERKARPFEN

1 großer Karpfen
(von der Teichwirtschaft Kainz, schmecken wie Meeresfische so klar und ohne „Grund")
Salz, Pfeffer aus der Mühle
40 g Butter
20 ml Rapsöl
6 Eier
100 ml Obers
100 g Erbsen
1 Limette

Karpfen in Steaks schneiden. Salzen, pfeffern. In einer großen Pfanne in Butter und Öl braten. Eier mit Obers verquirlen, salzen, über die Karpfenstücke gießen, Erbsen dazugeben. Bei kleiner Flamme stocken lassen.

Spektakulär sieht es aus, wenn der Karpfenkopf dazu gebacken wird:

Für den Backteig:
40 g Stärkemehl
30 g glattes Mehl
1 Eiklar
1 Msp. Natron
1 Eiswürfel
Salz
100 ml Bier
1 El Mehl
Rapsöl zum Backen

Backteig rasch aus allen Zutaten anrühren. Karpfenkopf salzen, mit Mehl bestäuben, in den Backteig tauchen und in der Fritteuse oder in der Pfanne mit viel Öl herausbacken.

Karpfenpfanne mit Karpfenkopf und Limettenscheiben anrichten. Dazu gibt es Erdäpfel-Vogerl-Salat!

PASTINAKENKARPFEN

Karpfen, auch Pfarrer-Bratl genannt, weil er in der Fastenzeit wie Fleisch zubereitet wurde, ein klasse Ersatz für die karge Zeit, und wir Jungs konnten den Karpfen aus des Lehrers Schlossteich einfach „holen", fischen, die waren so blöd und bissen sogar bei uns mit einfachsten Brotködern sehr rasch an, zu Hause eine kleine Notlüge – und schon gab es Karpfen„schnitzel".

2 Pastinaken
60 g Butter
80 ml Rapsöl
4 Karpfenschwänze (à 250 g)
grobes Salz
1 TL Neugewürz, gemahlen
(Piment, Nelkenpfeffer oder All-Spice genannt)
1 Zitrone

Pastinaken gut waschen und am besten auf der Schneidmaschine der Länge nach in dünne Scheiben schneiden. In einer großen Pfanne Butter und Rapsöl erhitzen und die Pastinaken knusprig braten. Aus dem Fett nehmen und auf Küchenrollenpapier gut abtropfen lassen. Karpfen salzen, mit Neugewürz bestreuen und in der Pfanne auf beiden Seiten knusprig braten. Im Ofen 15 Minuten bei 80° C ziehen lassen. Mit den Pastinakenchips und Zitrone anrichten.

Dazu gibt es mit Kümmel und Salz gekochte Erdäpfel – eine „Zurspeis", falls mal mehr Leute mitessen wollten. Als Kinder blieben wir gerne länger zum Mitessen, weil woanders schmeckte es immer besser.

LICHTMESSBRATL

Mit Maria Lichtmess geht im traditionellen Jahreslauf die Weihnachtszeit vorbei.
Grund genug, das Ende dieser besonderen Zeit mit einem besonderen Bratl zu feiern …

1 Schweins„flügerl", Schweinsschulter im Ganzen
(schmeckt auch gut vom Wildschwein!)
grobes Salz
1 EL geschroteter Kümmel von Kotanyi
½ l Grüner Veltliner
(„Wolkersdorfer Wein schmeckt spritzig und fein!" – Werbung aus den 60er-Jahren, als
die Winzergenossenschaft gegenüber der Schule war und wir im Herbst die Trauben von
den angestellten Traktoren mit den Anhängern, oben drauf die Bottiche, kosten durften,
meist haben wir sie „gestibitzt"! Mundraub lt.Strafgesetzbuch)
4 kleine Zwiebeln
6 Knoblauchzehen

Schweins„flügerl"-Schulter mit der Schwarte nach unten in einer Pfanne mit 4 cm Wasser
30 Minuten bei ca. 100° C köcheln. – Wer einen Dampfgarer besitzt, kann das Fleisch einfach
30 Minuten dämpfen. Danach lässt sich die Schwarte mit einem scharfen Messer sehr leicht
einschneiden. Man schneidet alle paar Millimeter parallel zur Richtung, in der das Bratl
dann auch aufgeschnitten wird. Bratl mit Salz und Kümmel einreiben.
Rohr auf 220° C erhitzen. Bratl mit der Schwarte nach oben ins heiße Rohr schieben und
anknuspern. Hitze auf 160° C zurückdrehen. Bratl mit Veltliner aufgießen, geschälte und
halbierte Zwiebel dazugeben. Ca. zwei Stunden garen. Danach ein Häferl Flüssigkeit
entnehmen, Knoblauchzehen hineindrücken und Bratl damit begießen. Zehn Minuten
weiterbraten. Dann anrichten. Dazu gibt es Knödel, Kraut oder saure Rüben.
Am schönsten ist so ein Lichtmessbratl natürlich, wenn es, umringt von Kerzen, im Ganzen
serviert wird. PS: An diesem Tag wurde im Weinviertel immer der Christbaum abgeräumt.

Und was man zu den sauren Rüben vielleicht sonst noch gerne wissen möchte:
Die sogenannte Halm- oder Stoppel-Rübe wurde nach dem Getreide, im Jahr die zweite
Fruchtfolge, auch zum Bodenverbessern verwendet. Sie heißt so, weil der 20 Zentimeter
hohe Reststand vom Getreide Halme oder Stoppeln hieß, beim bloßfüßigen Laufen darüber
wurden die Beine der Kinder, die Strohbinkeln aufladen halfen, ganz schön zerkratzt. Diese
weiße Rübe, eine Art Wasserrübe, die in Frankreich Navette heißt und bei uns wie
Sauerkraut „gerissen" einer Milchsäuregärung im Fass unterzogen wird, wird auch wie
Sauerkraut zubereitet, mit gerissenen rohen Erdäpfeln, Äpfeln und mit Kümmel gekocht.

GEKOCHTES SCHULTERSCHERZL MIT DÖRRZWETSCHKEN

800 g Schulterscherzl
15 Pfefferkörner
5 Körner Neugewürz
2 Lorbeerblätter
2 Zwiebeln
3 Karotten
12 Karfiolrosen
20 Dörrzwetschken
1 Bd. Schnittlauch

So viel Wasser zum Kochen bringen, dass es das Schulterscherzl zweifingerbreit bedeckt. Schulterscherzl und Gewürze ins kochende Wasser geben. Zwiebeln mit der Schale halbieren und auf den Schnittseiten ohne Fett in einer Pfanne oder direkt auf der Herdplatte fast schwarz werden lassen, dazugeben. Karotten schälen, für 15 Minuten mitkochen, dann zur Seite geben.
Wenn das Schulterscherzl weich ist (das dauert ca. 90 Minuten), aus der Suppe heben. Suppe abseihen. Karfiol in einem viertel Liter der Suppe knackig kochen, zur Seite geben. In dieser Suppe dann die Dörrzwetschken fünf Minuten köcheln lassen. Rindfleisch aufschneiden, in die Suppe legen, mit Karottenscheiben, Karfiol und den Dörrzwetschken auf heißen Tellern anrichten. Mit fein geschnittenem Schnittlauch bestreuen.

SCHNITZEL

4 Schweinsschnitzel
(für die, die es saftiger, aber auch ein wenig fetter wollen, vom Schopf, für die, die es mage-
rer wollen, vom Karree, Spezialisten wissen, vom Schluss [von der Rose] sind die Schnit-
zerl besonders zart, mager und trotzdem saftig) – Das traditionelle Wiener Schnitzel ist
ja vom Kalb, im Weinviertel war Kalbfleisch eher eine Rarität. Den ganz besonderen Teil,
das Hausherrnschnitzerl, gibt es nur zweimal im Schwein, er befindet sich im
Beckenknochen, beim Rind heißt dieser Teil Fledermaus.
Salz
1 Teller mit glattem Mehl
2 Eier
1 Teller mit Bäckerbrösel
100 g Schweineschmalz
(für die Traditionalisten), Butterschmalz (für die klassischen Gourmets) oder Rapsöl
(Mutter war auf der Gesundheitswelle. Großmutter hat die besten Schnitzel der Welt
gemacht. Mutter hat sie geschimpft, weil die Schnitzel so in Fett schwammen. Darauf
Großmutters empörte Antwort: „Das ist kein Fett! Das ist eh nur Öl!")

Schnitzel vorsichtig klopfen (manche mögen es dünner, manche dicker ...). Salzen. In
Mehl, dann in versprudeltes Ei, dann in Brösel tauchen und in zweifingerhoch Öl
oder Schmalz auf beiden Seiten knusprig braun herausbacken. Mit Küchenrolle gut
abtropfen, danach auf warmen Tellern mit Zitronenscheiben anrichten.

Zur Kirtagszeit, wenn Verwandte zu Besuch kamen, schmeckten die Schnitzerl ganz
besonders besonders, dann wurden sie vorgebacken und übereinandergelegt und
saugten das Schmalz in sich hinein ... und beim Onkel Leo, der Bäckermeister im Dorf
war, wurde unser „Brat'l" in der Zwischenzeit bei der abfallenden Hitze des großen
Stein-Brotbackofen fertig gebraten.

Dazu gibt es traditionellerweise Erdäpfel- und Gurkensalat (siehe S. 102 und 111).

ZIEGENBRATEN
(DE GOASS, AUCH EISENBAHNERKUH GENANNT)

Meine Tante, der Onkel, der Großvater, alle hatten sie ein, zwei davon, und im Dorf gab es den
Bock, und der hot g'stunkn wia a Goaßbock eben stinkt. Aber als Kind mit den Kitzerln
(Jungziegen) spielen, war wahnsinnig schön, sie waren einfach viel spannender als Steiff-Tiere,
doch leider, zu Ostern war es vorbei, danach hieß es wieder warten auf das nächste Osterfest …
Erst viel später auf meinen Arbeitsreisen habe ich in England und Wales tatsächlich eine
genügsame, extrem kleine Milch-und-Fleisch-Rasse, die „Dexter-Cow", entdeckt, die dort auch
Eisenbahnerkuh heißt, weil die Eisenbahner neben der Bahn ein wenig Land bewirtschaften
durften, ähnlich wie die Schrebergärten bei uns.

1 große gelbe Zucchini
(den Mittelteil, die Kerne bei großen Zucchini, rund ausstechen und ab
damit in den Kompost, dort kommen sie wieder … als Jungpflanzen)
1 gelber Paprika
4 kleine Zwiebeln
60 ml Rapsöl
viel frischer Majoran
1 kg Ziegenschlögel oder/und Ziegenschulter
grobes Salz, Pfeffer aus der Mühle
½ l Welschriesling
4 Knoblauchzehen

Zucchini in 2 cm dicke Scheiben schneiden, Kerne ausstechen. Paprika entkernen,
in acht Teile teilen. Zwiebeln schälen und halbieren. Rohr auf 200° C vorheizen.
Öl in eine entsprechend große Bratpfanne gießen, die Hälfte des Majorans einlegen,
darauf Ziegenfleisch samt Knochen geben. Mit grobem Salz und Pfeffer großzügig
würzen. 20 Minuten bei 200° C backen, danach mit dem Weißwein ablöschen.
Alle Gemüsesorten und Knoblauch dazulegen, Hitze auf 140° C reduzieren und eine
Stunde fertig braten.
Sollte sich die Ziege danach noch fest anfühlen, noch einmal 20 Minuten braten.
In der Pfanne anrichten, mit dem restlichem Majoran bestreuen.

WEINVIERTLER SCHLACHTPLATTE

Bratwürstel
Blutwürste
Saumeisn
(geräuchertes Schweinebrät im Netz)
Leberwüste
1 EL Schmalz
Kren

Würste in Schmalz knusprig braten, mit Sauerkraut (Rezept siehe S. 106)
und Erpäpfelschmarrn anrichten. Mit reichlich frisch gerissenem Kren garnieren,
das hilft beim Verdauen und macht die Nase frei!

Erdäpfelschmarren:
800 g festkochende Erdäpfel
1 große Zwiebel, fein geschnitten
2 Knoblauchzehen
2 EL Schmalz
Salz, Pfeffer aus der Mühle
Kümmel

Erdäpfel kochen (oder übrig gebliebene vom Vortag verwenden). Fein geschnittene
Zwiebel und Knoblauch in Schmalz anschwitzen, dann die geschnittenen Erdäpfel
dazugeben, immer wieder durchrühren und so lange braten, bis sich am Boden der
Pfanne ein „Krustl" gebildet hat. Mit Salz, Pfeffer und Kümmel abschmecken.

Liachtbratlmontag

Hinter dieser Bezeichnung verbirgt sich der Montag nach Michaeli (29. September). Ungefähr ab dieser Zeit mussten die Handwerker, insbesondere die Schuster, abends schon bei Licht arbeiten. Um diesen Einschnitt im Jahr zu „würdigen", wurde deshalb am Sonntag davor das „Liachtbratl" gegessen. Meist handelte es sich dabei um einen gebratenen Truthahn, der zu „Ehren" der nun bei Licht arbeitenden Schuster auch als „Schuastavogl" bezeichnet wurde.

Allerheiligen

Zu Allerheiligen kommt erneut der Striezel ins Spiel, und das wortwörtlich, denn am Vorabend von Allerheiligen wurde um ihn gespielt. Die wohl ältere Form des Ausspielens des Striezels, also des „Striezel-Poschns", wurde mit Würfeln vollzogen, wozu es örtlich divergierende Spielregeln gab und auch noch gibt, da dieser Brauch sehr lebendig ist, wie Siegerfotos alljährlich in den Lokalzeitungen beweisen. Gemeinsam ist den Spielregeln jedoch, dass die doppelte Augenzahl der Würfel Geltung hat. Es gibt aber auch die Variante, den Striezel mit Karten „auszuschnapsen". Diese lag vor allem im Interesse der Wirte, dauerte das Kartenspiel doch länger und stieg damit verbunden auch der Konsum der Gäste, wie das Beispiel meines eigenen Urgroßvaters belegt, der als Wirt in Riedenthal um 1900 auf Karten „umstellte".

Der gewonnene Striezel erfüllte übrigens oft auch die Funktion einer Liebesgabe von Burschen an ihre Mädchen.

Martini

Wem ist die Legende um die Bischofserhebung Martins von Tours aus dem Jahr 371 nicht bekannt, bei der der asketische Mönch durch das Geschnatter der Gänse verraten worden sein soll?

Der Festtag des Heiligen, der 11. November, war verbunden mit den Abgaben an die Herrschaft und dem Beginn des ursprünglich sechswöchigen Adventfastens. Vor der fleischlosen Fastenzeit war das „Martinigansl" der letzte Braten.

Das fette „Martinigansl" wird also ausgerechnet am Feiertag eines Heiligen gegessen, den Sulpicius Severus und andere spätantike Schriftsteller als besonderen Asketen rühmten.

Auch heute noch ist das „Ganslessen" daheim oder in den Wirtshäusern verbreitet und sehr beliebt. Aus dem Brustbein der gebratenen Gans versuchte man auf die Witterung des kommenden Winters zu schließen. Ist das Brustbein weiß, steht ein strenger, schneereicher Winter bevor.

Im Weinviertel war es aber auch üblich, den Tag des Heiligen mit dem „Martinibratl" zu begehen, bei dem es sich um frisch geschlachtetes Schweinefleisch handelte.

In einigen wenigen Weinviertler Orten hat sich aber auch noch ein Gebäckbrauch an diesem Tag erhalten. So steht an diesem Abend in Ottenthal, Gutenbrunn, Poysdorf oder Wildendürnbach das Martinihörndl im Mittelpunkt, das im Wirtshaus mit Würfeln ausgespielt wird. Es handelt sich bei diesem Gebäck um zwei am Rücken gegengleich zusammengebackene Kipfel aus Briocheteig. Der Sieger erhält analog zum Ausspielen des großen Striezels zu Allerheiligen das „große Hörndl".

Von historischem Interesse ist in diesem Zusammenhang auch eine Gedächtnisstiftung für einen Dechant Jakob, die im Jahr 1368 in Asparn an der Zaya belegt ist. Dort sollten aus dem Vermögen der Stiftung am Montag nach St. Martin unter anderem auch zwölf Metzen Weizen gekauft werden. Aus dem Weizen sollten 13 Semmelwecken gebacken werden. Die ersten zwölf sollten auf dem Altar geopfert werden, während die 13. eine Gabe für den Mesner war. Hier findet sich eine alte Jahressymbolik wieder, die Semmelwecken standen nämlich für die einzelnen Monate des Jahres.

Außerdem findet das „Martiniloben", das Trinken der Martinsminne, statt: Der frische Wein, „der Heurige", wird z. B. in Wolkersdorf in einem kleinen Fass von der Hauerschaft in die Kirche gebracht, gesegnet und nachher erstmals offiziell verkostet, denn erst ab Martini ist der Wein ein „Bursch" und man darf „Prost" zu ihm sagen. Die Bezeichnung Martiniloben geht übrigens auf das kirchliche Officium des Tages zurück: „Laudemus deum nostrum in confessione beati Martini" (Lasst uns Gott loben in dem Bekenntnis des heiligen Martin).

Leopoldi

Eine weitere Besonderheit beim Ausspielen von Gebäck stellte der Leopoldikranz dar, ein ringförmiges Gebäck aus geflochtenem Briocheteig, der nur noch für die Orte Wildendürnbach und Neuruppersdorf belegt ist. Wie bei Allerheiligenstriezel und Martinihörndl erfolgte das Ausspielen durch die männliche Ortsbevölkerung im Wirtshaus. Termin war der Vorabend zum 15. November, dem Feiertag des Hl. Leopold.

Der Babenberger Markgraf Leopold III. (um 1075–1136) avancierte aufgrund seines kirchenpolitischen Engagements und seiner Klostergründungen zum „frommen Markgrafen", der für gerechte Herrschaft stand. Dies wurde vom nachfolgenden Herrschergeschlecht, den Habsburgern, aufgegriffen, und auf deren Betreiben hin wurde er 1485 heilig gesprochen, er war quasi ein Propagandaheiliger des Herrscherhauses.

1663 löste er schließlich den Hl. Koloman als Landespatron ab, der übrigens 1012 im Weinviertel, in der Nähe von Stockerau, getötet worden war, da die Leute den irischen Pilger aufgrund seiner fremdartigen Kleidung für einen ungarischen Spion gehalten hatten.

Weihnachten

Gegen Ende der vorweihnachtlichen Fastenzeit war der Thomastag der erste Schlachttermin, was freilich auch in Zusammenhang mit der kühlen Witterung steht, die eine leichtere Konservierung des Fleisches gewährleistete. In der Nacht vor dem Thomastag (21. Dezember) konnten dem Volksglauben nach die Tiere sprechen und verkündeten dem, der sie hörte, die Zukunft. Nicht nur im Weinviertel verbreitet ist die Sage über den Bauern, der von seinen Ochsen hört, sie würden ihn binnen drei Tagen auf den Gottesacker ziehen. Am Thomastag selber ging es dann den Tieren an den Kragen, denn dann ging der „Sautod" um, und trotz Fastenzeit wurde an diesem Tag der „Sautanz" oder „Sautod" gegessen (siehe auch S. 15); dazu gab es für die Helfer den „Sautötertrunk", einen frisch vergorenen, noch nicht ganz ausgereiften leichten Wein.

Natürlich spielte auch Weihnachten eine besondere Rolle in der bäuerlichen Esskultur, ging doch dem Fest im Advent die sogenannte „kleine Fastenzeit" voran, was die Vorfreude auf den reich gedeckten Tisch zu Weihnachten freilich erhöhte.

Während im Großteil Österreichs – bis ins westliche Niederösterreich – besondere weihnachtliche Schmalzgebäcke und das Kletzenbrot verbreitet waren, gehörte für den Osten, also eben auch das Weinviertel, vor allem Strudelgebäcke, Nuss- und Mohnstrudel, auf den Tisch. An Kleingebäcken wären unter anderem „feine Butterschlangerln", „Muskazonerln", eine Mandelbäckerei, die mit reichlich Muskat gewürzt wurde, oder Ingwerbäckerei, die es aber im Weinviertel auch zu anderen Anlässen gab, zu nennen.

Mittlerweile wurde der Strudel aber oft vom Fisch verdrängt, der zuerst in die Küche der bürgerlichen Familien Einzug gehalten hatte und die Strudel, wenn überhaupt, zum Dessert degradiert hat. Hingegen spielte das Früchtebrot in der Weihnachtszeit, das, je weiter man nach Westen kommt, sich immer größerer Bedeutung erfreut, im Weinviertel schon in den fünfziger Jahren kaum eine Rolle mehr. Eine Befragung zwischen 1950 und 1956 ergab für die Belegorte in den Bezirken Mistelbach und Gänserndorf bereits nur mehr eine Verbreitung von 9,9 bzw. 6,6 Prozent.

In der Marchgegend war vor allem bei den Slowaken ein Weihnachtsgebäck namens „Bukanzi" verbreitet. Ähnlich wie bei den Buchteln wurde aus Mehl, Zucker, Germ, Milch, Butter und Eidottern ein Teig bereitet, aus dem etwa walnussgroße Stücke ausgestochen wurden. Diese ließ man aufgehen und füllte sie danach mit Marmelade. Nach dem Backen wurden sie mit Honig und gestoßenem Mohn übergossen.

Auch Mus gehörte zu den Weihnachtsspeisen. So wird etwa aus Mannersdorf in der Nähe von Orth an der Donau berichtet, dass das Essen von siebenerlei Mus zu Weihnachten Glück bringt. Die Siebenzahl spielte ja im Zahlendenken vieler Völker eine große Rolle, man denke nur an die sieben Schöpfungstage oder den siebenarmigen Leuchter. Der Kirchenvater und Bischof von Hippo Regius (im heutigen Algerien), Augustinus, begründete in seinen Schriften den perfekten Charakter der Siebenzahl, und so nimmt es auch nicht wunder, dass die Siebenzahl auch im Volksglauben tief verankert war. Freilich ist dies nur ein Beispiel für den Zahlenglauben beim Essen, es finden sich genug andere, bei denen eine Drei-, Neun- oder Zwölfzahl bei Gerichten bzw. deren Zutaten eine Rolle spielte.

Seit dem späten 19. Jahrhundert hat sich auch im Weinviertel nicht nur der Christbaum durchgesetzt; der alte Schenktermin zu Nikolaus trat immer mehr in den Hintergrund und machte dem Christkind Platz, das bis in die zweite Hälfte der 1970er-Jahre gelegentlich noch gekleidet wie ein Engel persönlich als Gabenbringer auftrat. Neben dem verbreiteten essbaren Behang des Christbaums mit Äpfeln, Nüssen, Keksen, Windbäckereiringen, Leb-

kuchen und in Fransen- oder Stanniolpapier eingewickelten Zuckerln oder Schokoladenstückchen gab es auch einen besonders für das östliche Weinviertel typischen Behang. Dabei handelte es sich um in Eiklar und Zucker getunkte Nusskerne, die mithilfe von Zwirnfäden am Christbaum aufgehängt wurden.

Der Christtag, ein stiller Tag, den man zu Hause im Kreis der Familie zubrachte und an dem auch die Männer nicht ins Wirtshaus gingen, war mit einem Festessen verbunden. In manchen Orten, so auch im Rußbachtal, z. B. in Großrußbach, Obersdorf und Pillichsdorf, war es Sitte, an diesem Tag dreimal die heilige Messe zu besuchen. Wohl aus Zeitgründen hatte es sich hier eingebürgert, dazwischen „nur" Bratwürstel zu essen. Da viele Metten nicht wie heute um 22 oder 24 Uhr am Weihnachtsabend stattfanden, sondern erst um 5 oder 6 Uhr früh am 25. Dezember, konnte man mit dem weiteren Besuch der normalen Frühmesse und des Hochamtes auf die Dreizahl der Kirchenbesuche kommen. Der Termin der Mette war im 19. Jahrhundert deshalb auf den frühen Morgen des 25. verlegt worden, weil die Burschen den nächtlichen Mettengang für eine „Unruhnacht" nutzten, wobei auch die Messbesucher am Weg belästigt wurden.

Eine Festspeise, die früher sehr gerne zu Weihnachten auf den Tisch gebracht wurde, war der Gänsebraten. Eine Tradition, die auch heute noch in vielen Haushalten beibehalten wird.

Eine Besonderheit berichtet eine Großkruter Familie, bei ihnen gab es über Generationen zu Weihnachten, und wirklich nur an diesem Tag, Mülikren (Milchkren), ähnlich dem Semmelkren, zu gekochtem Rindfleisch.

Umso mehr ging es in den Tagen nach Weihnachten hoch her. So wurde von den Weinhauern – es sei mir an dieser Stelle verziehen, dass hier dieser Begriff und nicht das heute häufiger verwendete, manchem viel „edler" klingende und wohl aus marketingstrategischen Gründen gebrauchte „Winzer" verwendet wird – am 27. Dezember, dem Johannistag, die Johannisminne getrunken. Dabei handelt es sich um einen relativ alten Brauch. Vermehrte Zeugnisse für die Verbreitung in der Rhein- und Donauregion, dem heiligen Johannes, dem Evangelisten, an seinem Tag zum Andenken und zu seinen Ehren einen Minnetrunk (die Minne Johannes des Täufers ist älteren Ursprungs) zu trinken, stammen aus dem 12. Jahrhundert. Nachdem dieser Brauch davor jedoch nicht erwähnt wird, fand er wohl erst im 11. Jahrhundert seine Ausformung, das heißt auch, dass es dabei keinen direkten Zusammenhang mit der heidnischen Götterminne mehr gibt, auch wenn das Minnetrinken einmal wirklich auf solche Rituale zurückging und nach der Christianisierung auf verschiedene Heilige übertragen wurde. In Ameis etwa wurde am Stefanitag der sogenannte Johanniswein gesegnet. In etlichen Orten erlebt dieser Bauch in unseren Tagen eine Renaissance.

Der Stefanibock
bzw. kurzer Exkurs zu einem Getränk, das dem Namen Weinviertel eigentlich völlig entgegengesetzt ist.
Obwohl es sich beim Weinviertel, wie ja der Name sagt, um eine Weingegend handelt, wurde und wird auch hier zu Weihnachten das Bockbier gebraut. Heute tut dies freilich nur mehr die einzige noch bestehende Weinviertler Brauerei, die Brauerei Hubertus in Laa an der Thaya. Auch wenn das Bierbrauen nur eine geringe Rolle spielte, lässt sich der Hopfenanbau für Mistelbach etwa ab 1361 nachweisen, und Brauereien, die Weizenbier brauten, gab es sicher schon vor 1400 in Hohenau, Laa an der Thaya und Mistelbach. Laa erhielt 1454 ein eigenes städtisches Braurecht durch Ladislaus Postumus, der in Personalunion König von Ungarn und Böhmen sowie Herzog von Österreich war. Mitte des 19. Jahrhunderts war das

Laaer Brauhaus ziemlich herabgewirtschaftet und wurde von verschiedenen Inhabern meistens mehr schlecht als recht geführt, bevor es 1849 durch Anton Kühtreiber – dessen Nachfahren es bis heute besitzen – übernommen wurde. Er soll übrigens ein leidenschaftlicher Weinliebhaber gewesen sein, jedoch nur bis zu dem Tag, an dem er die Brauerei übernahm. Seine neue Passion für das Bier hat ihm anscheinend auch nicht geschadet, zumal er erst im hohen Alter verstarb.

Andere Braurechte des heutigen Bezirks Mistelbach lagen in den Händen des Adels und des Klerus. Das beste Bier soll übrigens zu Beginn des 17. Jahrhunderts das Brauhaus in Asparn an der Zaya geliefert haben. Das alte Laaer Braurecht war wohl auch ausschlaggebend dafür, dass Bier etwa beim Kirtagbrauchtum der Burschen im Umkreis der Stadt stärker verankert war, während ansonsten freilich der Wein die Hauptrolle spielte. Bier gab es etwa zum „Einladenfahren", und ein in den Orten des Laaer Beckens oft von der Brauerei gestiftetes Fass wurde nach den ersten Tänzen auf der Bühne angeschlagen, so etwa in Gaubitsch, einer der Weinviertler Mutterpfarren.

Silvester

Mit Silvester schließt sich der Jahreskreis, und wie am Beginn dieses brauchtümlich-kulinarischen Jahreslaufes bereits der Striezel stand, so steht er auch am Ende des Jahres. Analog zu den bereits behandelten herbstlichen Festterminen wurde auch zu Silvester um den Striezel gespielt.

Festtagsgebäcke

Oft schon war die Rede von Festtagsgebäcken. Bei meiner Recherche zeigte sich, dass die meisten Befragten mit ihren eigenen Rezepten zu Klassikern wie dem „Schneeballen" oder dem „Schmerstrudel" aufwarten. Beim „Schneeballen" handelt es sich um ein klassisches Schmalzgebäck. Der Name des filigranen Backwerks erklärt sich aus der Form, die mit Staubzucker bestreut, im Aussehen eben jenem Objekt kindlicher Winterfreuden ähnelt.

Der „Schmerstrudel", dessen Zubereitung höchstaufwändig und zeitintensiv ist, ähnelt einem Blätterteiggebäck.

Freilich wurden auch diese beiden Gebäcke meist zu großen Feierlichkeiten wie etwa Hochzeiten gebacken. Es gibt aber auch vereinfachte Zubereitungsformen, die sie für den normalen sonntäglichen Gebrauch tauglich machten und nicht so lange Vorbereitungszeit erforderten. So wurde etwa aus dem Teig für „Schneeballen" einfach Rauten ausgeschnitten, die in Schmalz herausgebacken wurden.

Natürlich sind viele der bisher erwähnten Rezepte nicht nur im Weinviertel verbreitet, und so werden etwa der Schmerstrudel bzw. die Schmerkrapfen genauso in der benachbarten Slowakei verzehrt. In die Reihe dieser Festtagsgebäcke gehören auch die „Hatscheluja". Dazu wird Mehl mit Butter abgebröselt und mit Germ, Eidottern und Milch vermischt. Der Teig wird in zwei Teile geteilt, mit einer Mischung aus geriebenen Nüssen, Zucker, Vanillezucker, wiederum Eidottern und einem nicht unerheblichen Quantum Rum gefüllt. Die zweite Hälfte des Teigs wird als Deckel daraufgelegt. Die Masse wird halbgebacken, anschließend mit gezuckertem Eischnee bestrichen und fertig gebacken.

Zu Hochzeiten gehörte auch ein Kranzgebäck, das Hochzeitsbeugel, wovon die Bezeichnungen Baa, Ba, Bah oder Bar herrühren, also von Gebackenem, wie es in Aspern, Patzmannsdorf, Ungerndorf, Kleinbaumgarten bei Laa oder Wolkersdorf genannt wird. „Braua" heißt es in Palterndorf sowie Eichhorn, ironisierend wird es als „Brautbauch" in Poysbrunn und Drasenhofen bezeichnet.

Ein anderes Hochzeitsgebäck war der Prügelkrapfen oder „Aufg'ossene", dessen Herstellung besonders diffizil ist. Dazu wird Teig auf einem drehbaren Holzstab, dem Prügel, aufgebracht und über offenem Feuer gebacken. Abhängig von der Stelle des Prügels, auf den der Teig gegossen wurde, entstehen Ringe mit verschieden großem Durchmesser, die so aufeinandergeschichtet werden, dass sie einen kegelförmigen Turm bilden, oder sie werden wie Dachziegel geschichtet, womit der Eindruck eines Baumes entsteht, an dem durch Auszackungen die Äste angedeutet werden. Die bis zu 50 Zentimeter hohen Prügelkrapfen wurden mit Creme bestrichen, mit buntem Zucker bestreut und mit Rosmarinsträußerln oder Blumen geschmückt. Ähnliches gilt auch für die Spitzkrapfen, ein Mandelgebäck, das um 1900 noch im ganzen Weinviertel verbreitet war und in den 1980er-Jahren noch in Unterretzbach nachgewiesen wurde. Aus den rautenförmig ausgestochenen Gebäckstücken wird auch hier ein sich nach oben verjüngender Turm aufgeschichtet, der mittels „Schnürleis", einer Mischung aus Eiklar und Zucker, zusammengehalten wurde. Gerade an solchen kunstvollen Gebilden zeigten sich die großen Fertigkeiten der Weinviertler Hochzeitsbäckerinnen, die nun drohen, endgültig der Vergessenheit anheimzufallen.

Ebenso wie am Kirtag wurde auch zur Hochzeit festlich getafelt, und es fehlte nicht an Fleischspeisen. In der ersten Hälfte der 1930er-Jahre setzte sich das Menü z.B. in Gaweinstal aus Suppe, Schweinsbraten, Schweinsschnitzeln, Kalbsbraten, Backhühnern und Lungenbraten zusammen, in Leopoldsdorf waren es Schnitzel, Hühner-, Enten- und Schweinsbraten, in Bernhardsthal Schnitzel, Kalbsbraten und die ältere Festtagsspeise, das Kochrindfleisch. Selbstverständlich spielte bei den Hochzeiten der Wein eine Rolle, nämlich in Form des Stupfweins. Dabei handelte es sich um eine Ausstandsspende, die der Bräutigam den anderen Burschen des Ortes zahlen musste, bevor er durch die Hochzeit aus dem Kreis der Burschen ausschied.

STRIEZEL-POSCHN

*Das Striezel-Poschn gibt es bei uns zum Glück immer noch. Am Tag vor Allerheiligen
ist der Kaiser-Heurige in Auersthal restlos ausgebucht, da wird nämlich „geposcht".
Um über 200 Striezel geht es, und schon Wochen im Vorhinein verabredet man sich:
Wer sitzt mit wem an einem Tisch? Der Schmäh rennt, der Wein fließt, alle zahlen
Einsatz, und die Würfel rollen. Und am Ende eines langen Abends bin ich dann
einmal stolz mit vier riesigen Striezeln abgezogen. Was ich damit getan hab? Am
nächsten Abend kann man Kinder mit Kakao und Striezel glücklich füttern …
oder man kann sie wunderbar zu Striezel-Schmarren verarbeiten.
Und zweitens haben wir ja zum Glück genug Freunde, die in diesem Jahr vielleicht
weniger Glück hatten, aber trotzdem Appetit auf Milchbrot.*

Die Spielregeln zum Striezel-Poschn:
*Mit zwei Würfeln von Hundert herunter auf Null, exakt auf Null,
wer als Erster fertig ist, bekommt einen Striezel.
Es gibt von Gebiet zu Gebiet verschiedene Spielarten,
in manchen Gegenden wird der Striezel mit Schnapsen
oder Bauern-Schnapsen ausgespielt.*

STRIEZEL-SCHMARREN

Für den Osterhasen- oder Striezelteig:
30 g Germ (Hefe), 100 g Staubzucker
⅛ l lauwarme Milch, 350 g Mehl
100 g weiche Butter (Beurre pommade)
3 Dotter, 1 Prise Salz
1 Prise gemahlener Safran oder ca. 10 Fäden ein bisserl mörsern

Einen Germteig zubereiten wie auf S. 101 beim Wuchtel-Rezept beschrieben:
Alle Zutaten miteinander verkneten, gehen lassen und diverse Figuren
und Formen herstellen, in unserem Fall einen Striezel.
Bei 175° C im vorgeheizten Backrohr backen.

Für den Striezel-Schmarren bricht man den Striezel in Teile oder schneidet
ihn in Scheiben, tunkt ihn in eine Mischung aus ¼ l Obers und einem Ei
und bäckt das Ganze dann in einer Pfanne mit etwas Öl und Butter goldgelb,
dazu gibt's Powidl oder Zwetschkenröster.

WINTERGEFLÜGEL

1 Ente
4 Stubenküken
4 Wachteln oder Tauben
grobes Salz
Majoran
1 Apfel
1 Bd. Petersilie
6 EL Schweineschmalz
8 Rosmarinzweige
8 Thymianzweige
1 Flascherl Wein
(Rieder Eiswein), zum Ablöschen,
falls der Bratenrückstand zu braun würde

Geflügel gut vorbereiten, kurz waschen, mit Küchenrolle abtupfen, in eine große Bratpfanne setzen. Ente innen mit Salz und Majoran würzen, mit Apfel und Petersilie füllen. Schmalz auf dem Geflügel verteilen, mit den Kräutern und Salz würzen. Ofen auf 180° C vorheizen. 35 Minuten braten. Danach die Ente in eine kleinere Form heben und noch eine Stunde weiter braten, die kleineren Geflügel am Herdrand zugedeckt warm halten. Nach der Stunde die Geflügel wieder vereinen, zehn Minuten bei 210° C bräunen und in der Pfanne servieren.

Dazu gibt es angemachte Salate von: Roten Rüben, sauren Rüben, Sellerieknolle, Erdäpfeln und Bohnen – alles, was es im Winter gibt, und nur Dinge, die wärmen – schlag nach bei den Tibetern, das wussten wir früher im Weinviertel auch fast alles … Übrigens: Der Saft wurde mit Störbrot (früher haben die Bauern ihre eigenen Zutaten zu Rohbrot verarbeitet und zum Bäcker gebracht, der hat es ihnen gebacken, doch im Backofen störte das fremde Brot) oder Brot aus Vorschussmehl (halbweißes Roggenmehl) aufgetunkt …

GÄNSEBRATEN

1 Gans aus Schrattenberg
(wenn der Herr Minister nicht gerade von der Vogelgrippe träumt)
Salz
Majoran
1 l Poysdorfer Grüner Veltliner
(Saurüssel), den Rest von der zweiten Bouteille trinken
wir während des Wartens aufs Knusprigwerden ...
4 Äpfel
1 TL Maizena

Rohr auf 220° C vorheizen. Überschüssiges Gänsefett in einen Bräter legen. Gans innen mit Salz und Majoran einreiben, außen kräftig mit Salz einreiben. Gans (Wasservogel muss schwimmen) mit einem Liter Grünen Veltliner in den Bräter setzen und 20 Minuten bei 220° C braten. Danach die Temperatur auf 150° C senken und in etwa 40 Minuten pro Kilo Gans braten. Immer wieder mit dem eigenen Saft begießen. In der letzten Stunde vier Äpfel mitbraten. Gans tranchieren, auslösen. Die Knochen mit dem abgelöschten Saft kurz verkochen, abseihen, den Saft mit etwas Maisstärke leicht binden. Die ausgelösten Gänsebratenstücke unter der Grilleinrichtung im Backrohr braun anknuspern lassen.

Gansl mit Erdäpfelsalat, Gurkensalat und Eisbergsalat anrichten
(siehe S. 102 und 111).

MARTINIBRATL

1,5 kg Schweinsbrust von einem Freilandschwein
1 EL Kümmel
10 Körner Neugewürz
10 Pfefferkörner
grobes Salz
4 kleine Zwiebeln
6 Knoblauchzehen
4 Karotten
¼ l Grüner Veltliner

Schweinsbrust mit der Schwarte nach unten in einer Pfanne mit 2 cm Wasser
30 Minuten bei 100° C köcheln lassen. – Wer einen Dampfgarer besitzt, kann sie
einfach 30 Minuten dämpfen. Danach lässt sich die Schwarte mit einem scharfen
Messer sehr leicht einschneiden.
Rohr auf 220° C erhitzen. Kümmel, Neugewürz und Pfeffer im Mörser zerstoßen,
das Schwein damit und mit Salz kräftig würzen.
Mit der Schwarte nach oben ins heiße Rohr schieben und anknuspern. Hitze auf
150° C zurückdrehen, Zwiebeln schälen und halbieren, Knoblauch schälen, Karotten
schälen und in dicke Scheiben schneiden. Braten mit Veltliner untergießen,
Gemüse dazulegen und ca. 90 Minuten garen. Danach mit dem Gemüse anrichten.
Falls die Kruste noch nicht knusprig aufgeplatzt ist, unter der Grilleinrichtung im
Backrohr volle Tube schön unter Beobachtung dunkel bräunen. Backrohre sind ja so
verschieden wie die Weinviertler selbst …

KALBSKOPF IN DER SUPPE

½ Kalbskopf
¼ l Grüner Veltliner
2 Karotten
2 gelbe Rüben
½ Stange Burri (Lauch)
2 grüne Selleriestangen
1 Zwiebel
2 EL Gemüsewürze
20 Pfefferkörner
10 Körner Neugewürz
3 Lorbeerblätter
1 EL Kren
8 Thymianzweige
grobes Salz, Pfeffer aus der Mühle

Kalbskopf mit der Zunge in einen großen Topf geben, mit Wasser und Wein bedecken.
Karotten und gelbe Rüben schälen, alle Zutaten (die Gewürze in einem Plastiksackerl
zerklopfen und in einem Teefilter in die Suppe zum Mitkochen geben)
bis auf den Kren und vier Thymianzweige dazugeben. Kalbskopf ganz weich kochen.
Das dauert ca. zwei bis zweieinhalb Stunden. Überkühlen lassen, aus dem Fond
nehmen. Fond abseihen und wieder zum Kochen bringen. Kalbskopf vorsichtig vom
Schädelknochen lösen, Gaumen säubern, überschüssiges Fett weggeben, in große
Stücke teilen und in der Suppe aufkochen. In heißen Tellern anrichten, mit
Thymianzweigen und frisch geriebenem Kren vollenden. Eventuell mit grobem Salz
und Pfeffer aus der Mühle nachwürzen.

Ich esse gerne scharfen Dijonsenf dazu, so habe ich den gekochten Kalbskopf um
3 Uhr früh in Lyon am Schlachthof in einem einfachen Restaurant kennengelernt,
vorher hatte ich nur in alt-österreichischen Kochbüchern darüber gelesen …

Dazu passen gut gegrillte Erdäpfelscheiben. Erdäpfel kochen (oder gekochte vom
Vortag verwenden), in Scheiben schneiden und im Mini-Platten-Grill mit
ganz wenig Öl oder Schmalz knusprig grillen, salzen.

KALBSKOPF UND -HIRN GEBACKEN

Kalbskopf selbst gemacht:
Das ist gar nicht so schwierig, wie manche glauben, und meistens viel besser als der gekaufte …

½ Kalbskopf
¼ l Grüner Veltliner
2 Karotten, 2 gelbe Rüben
1 Zwiebel, 2 EL Gemüsewürze
20 Pfefferkörner, 10 Körner Neugewürz
3 Lorbeerblätter, Salz
1 EL Kren, 2 EL Estragonsenf
1 EL frische Thymianblätter

500 g Kalbshirn, Salz
1 Teller mit glattem Mehl, 2 Eier
1 Teller mit Bäckerbröseln
100 g Schweineschmalz
(für die Traditionalisten),
Butterschmalz (für die klassischen
Gourmets) oder Rapsöl (für die Xunden)
1 Zitrone

Kalbskopf in einen großen Topf geben, nur mit Wasser und Wein bedecken (je weniger Wasser notwendig ist, desto besser). Karotten und gelbe Rüben schälen, alle Zutaten bis auf den Kren, den Senf und die Thymianblätter ins Wasser geben. Kalbskopf ganz weich kochen. Das dauert ca. zweieinhalb Stunden. Aus dem Fond nehmen, Knochen noch heiß aus dem Fleisch drehen, Gaumen putzend enthäuten, überschüssiges Fett entfernen. Fond abseihen, zum Kochen bringen und auf die Hälfte reduzieren. Mit Salz abschmecken. Mit der Kalbskopf-Maske ein mit Klarsichtfolie ausgelegtes Wandl (Terrinenform) belegen, etwas vom Fond hineingießen, dann den Kren hineinstreuen. Falls der liebenswerte Fleischhauer unseres Vertrauens die Kalbzunge dabeigelassen hat, haben wir sie mitgekocht und die Haut abgezogen, nun der Länge nach halbieren und in die Form dazulegen, Kalbskopf zusammenrollen und in das Wandl drücken. Mit Fond benetzen. Einpressen und beschweren (je nach Art des Wandls – oft geht es mit einer gefüllten Weinflasche recht gut – ein sehr geschätzter Gastronomie-Journalist hat uns einmal erzählt, er beschwere Derartiges am liebsten mit seinen Hantel-Gewichten). Im Kühlschrank einen Tag ziehen lassen. Danach in Scheiben schneiden, mit Estragonsenf und Thymian marinieren und gemeinsam mit dem Hirn panieren.

Hirn in lauwarmes Wasser legen und die Haut abziehen. Salzen. Gemeinsam mit dem Kalbskopf in Mehl, dann in versprudeltes Ei, dann in Brösel tauchen und in zweifinger-hoch Öl oder Schmalz auf beiden Seiten knusprig braun herausbacken. Auf etwas Küchenrolle gut abtropfen lassen, danach auf warmen Tellern mit Erdäpfel-Vogerl-Salat (Erdäpfelsalat siehe S. 102) anrichten. Mit Zitrone garnieren.

PS: Man kann das Kalbshirn auch (wie am Foto) à la parisienne backen, das heißt, nur mit Petersilie und Zitrone, in Mehl und reichlich Ei paniert. Und in Fett langsam gebraten.

WEINVIERTLER HOCHZEITSFLEISCH MIT „MÜLIKREN"

700 g Ochsenbrustkern
200 g Suppengrün
30 g Butter und einen Löffel Butter
30 g Mehl
60 g Zwiebel, fein geschnitten
½ l Milch
¼ l Obers
Salz
Nelkenpfeffer
Muskatnuss
3 Dotter
100 g frisch geriebener Kren

Ochsenbrustkern mit Suppengrün klassisch butterweich in nicht zu viel Wasser kochen. Mit Butter, Mehl und Zwiebel eine Einmach zubereiten, mit Milch und Obers aufgießen, mit Salz und Nelkenpfeffer aus der Mühle (Neugewürz oder All-Spice) würzen, verkochen, stabmixen, einen Löffel Butter und drei Eidotter einmontieren. Geriebenen Kren unterrühren, bei Bedarf mit etwas Rindssuppe verdünnen. Ochsenbrust auf dem „Mülikren" mit etwas Wurzelwerk, „Chartreuse" geschnitten, anrichten, mit frisch darübergeriebener Muskatnuss und gekochten, zerdrückten „Heurigen"-Erdäpfeln servieren.

EVA ROSSMANN
MEIN WEINVIERTEL

Da bin ich gesessen, auf diesem Hügel. Frühling war es, und die Weinstöcke hatten erste grüne Spitzen. Ich hab auf mein Dorf hingeschaut, das damals noch gar nicht mein Dorf war, sondern irgendeines jenseits der Donau, wo ein Haus zu verkaufen stand. Ich kann mich an das seltsame Gefühl erinnern: Da will ich leben. Es hat mich ausgefüllt, es war grün und warm, und damals war ich nicht einmal verwundert darüber, dass es so stark war. Ich bin keine, die es mit Visionen und Vorahnungen hat. Ich versuche, Entscheidungen mit der Vernunft zu treffen, die mir eben zur Verfügung steht. Ich habe das Haus gekauft.

Nur das Dachzimmer war einigermaßen bewohnbar. Meine Güte, habe ich mir am ersten Abend gedacht, jetzt hab ich tatsächlich ein Haus. Plötzlich läutet es. Ich sehe mich irritiert um. Auf der Bodenstiege das uralte schwarze Telefon, von dem ich angenommen habe, dass es seit Jahren abgemeldet ist. Ich hebe ab. Keiner meiner Freunde kennt diese Telefonnummer. Nicht einmal ich kenne sie. Und hier im Dorf weiß niemand, dass es mich gibt. „Wir hab'n Licht gesehen und wollten nur fragen, ob alles in Ordnung ist." Ja, habe ich irritiert geantwortet, alles bestens in Ordnung, ich bin heute hier eingezogen. „Dann ist es ja gut. Gute Nacht." Bis heute weiß ich nicht, mit wem ich da telefoniert habe. Muss wohl einer der Nachbarn gewesen sein. Du bist da nicht allein, hab ich mir gedacht. Ich hab es schön gefunden. Obwohl das ja alles Mögliche bedeuten kann: von Gemeinschaft bis Kontrolle. Ein Weinbauer auf der linken Seite, ein Nebenerwerbsweinbauer auf der rechten Seite. Das ist bei uns so. Ich habe von ihnen Wein gekauft und beide gemocht. Die Winzer und die Weine. Der, den ich sonst noch gekannt habe, war der Wirt vis-à-vis. Unersetzbarer

Vermittler von Nachrichten aller Art. Eine Einmanninformationswechselstube. Du erzählst ihm etwas, und er erzählt dir etwas anderes und hat mit dem, was du ihm erzählt hast, den anderen etwas zu erzählen. Er hat mir sehr geholfen. Durch ihn wurde im Dorf bekannt gemacht, wer die junge Frau ist, die sich das Haus, das so lang leer stand, gekauft hat.

Dann kam Ernest, der es, vom südlichen Niederösterreich stammend, zu einer feinen Altbauwohnung am Wiener Sternwartepark gebracht hat. Kein vernünftiger Mensch ginge nach Transdanubien, hat er im Sommer noch gespottet. Im Winter, als der Hausumbau weitgehend geschafft war, sind wir einander näher gekommen, und bald darauf ist er eingezogen. Bis er dem Wirten gegenüber abgewöhnen konnte, ihn als „Doktor Rossmann" zu titulieren, hat es allerdings noch geraume Zeit gebraucht.

Das Leben zwischen Stadt und Land ist nicht nur Idylle, es bedeutet auch, um die Fahrzeit weniger Zeit zu haben. Und so haben wir dann eine gesucht, die in Wien „Bedienerin" genannt wird. Und haben sehr schnell gelernt, dass bei uns im südlichen Weinviertel niemand dieses Wort verwendet, auch nicht „Putzfrau". Eine, die der anderen Leute Dreck wegmacht, heißt hier „Z'ammräumerin". Mir sehr sympathisch, das klingt weniger nach dienen. Irgendwann hat es am großen Tor geläutet, ich hab aufgemacht, und draußen stand eine Frau in meinem Alter mit braunen Augen und dunklen Haaren und einem Blick, den ich noch oft an ihr erleben sollte: schüchtern und offen zugleich. Maria hat zwei Häuser weiter gewohnt.

Sie hat bei uns geputzt, und mir war es ein wenig peinlich. Dass ich das nicht selbst mache. Dass das eine andere für uns tut. Wir haben geredet, nicht viel, das war nie ihre Art, aber doch einiges. Ich hab lustige Geschichten aus meinem Alltag als Journalistin erzählt, sie vor allem von ihrer Familie, dass sie und ihre beiden Schwestern zwei Orte weiter aufgewachsen seien und dann alle hierher geheiratet hätten. Von der Schwiegermutter, mit der sie wöchentlich nach Wien auf den Markt fahre. Von Erich, der Bühnenarbeiter an der Volksoper sei, und von der Nebenerwerbslandwirtschaft und ihrem Wein und davon, dass Erich der tüchtigste und fleißigste Arbeiter von überhaupt sei, ein Alleskönner, und dass sie Schneiderin gelernt habe und gern Englisch können würde.

Dreißig war ich damals, als wir immer mehr ins Weinviertel gewachsen sind. In Wien hat man mich gefragt, warum ich aufs Land gezogen sei. Der Garten, hab ich geantwortet, und die wunderbare hügelige Landschaft, Luft und Wein. Und die Menschen, hab ich hinzugefügt. Weil ohne Menschen bleibt Landschaft für mich bloß Kulisse. Die Heurigen bei uns haben mit denen in Grinzing so viel zu tun wie ein guter Schmäh unter Freunden mit einer Witze-CD. Nicht dass alle unsere Heurigen deswegen superoriginal wären. Auch bei uns im Weinviertel hat sich herumgesprochen, dass es einfacher ist, die Blunzn und das Surbratl beim Metro zu kaufen, als ein Schwein zu schlachten. Aber es gibt eben auch noch die anderen, die selbst wursten oder zumindest wissen, wer Schweine absticht und gut verarbeitet. Und: Garnelen auf Blattsalat oder Wiener Schnitzel mit Preiselbeeren gibt's bei uns jedenfalls nicht. Weil eben noch Winzer ausschenken, die ein paar Mal im Jahr „ausstecken" dürfen, und nicht Gastronomen mit Spezialkundenbindungsprogramm.

Beim Heurigen haben wir dann auch Gerda, die Schwester von Maria, kennengelernt und ihren Mann Joschi, der Lastwagenchauffeur war, weil die Landwirtschaft zu wenig getragen hat. Gerda mit ihren drei kleinen Kindern, die ihn unterstützt hat, als er dann doch auf Wein gesetzt, den sicheren Job aufgegeben hat. Sich so einen Winzertraum zu erfüllen, heißt nicht nur bis in die Nacht arbeiten, das heißt auch, in den ersten Jahren kein Geld zu haben, nicht zu wissen, ob es gelingt, es bedeutet, sich über guten Wein zu freuen und die Kleidung der Verwandten aufzutragen. Wenn andere längst vor dem Fernseher sitzen, zu spritzen, zu ackern, den Wein auszuführen, über Werbung nachzudenken.

Wir haben einen eigenen Weingarten gehabt, Erich hat das getan, wofür man Geräte verwendet, wir haben ihn gepflegt und geschnitten, angebunden, eingestrickt, o'graubert – ein Wort, für das ich keine hochdeutsche Übersetzung finde, mit dem beschrieben wird, dass die jungen überzähligen Triebe entfernt werden. Wir hatten Stress, weil diese Arbeiten zur richtigen Zeit passieren müssen und diese Zeit sich überhaupt nicht darum schert, dass gerade eine Regierung geplatzt ist oder ums Budget gestritten wird oder wir beide anderes zu tun haben. Wir haben erlebt, wie ein feiner Kabinett-Veltliner entstanden ist. Und wir haben gesehen, wie in der Früh die prallen Trauben an den Stöcken hingen, wir mit unseren Freunden andere, größere Weingärten gelesen haben und dann zu Mittag bei unserem nur mehr die Kämme dastanden. Saftnass nach einem Überfall der Stare, die zur Lesezeit in dichten Wolken kreisen.

Man hat uns angenommen in unserem Weinviertel. Wir sind bei den Eltern von Maria und Gerda im Garten gesessen. Geld haben die nie gehabt. Unsere Freundinnen sind noch mit einem Plumpsklo aufgewachsen, etwas, das ich mir als Stadtkind einfach nicht vorstellen konnte. Gastfreundlich und großzügig wird man bei ihnen trotzdem, oder vielleicht auch deswegen, behandelt. Und überdies mit Geschichten belohnt. Der Vater, ein Zimmerer, hat ein fast geschlossenes Auge, für solche, die ihn nicht kennen, wirkt es, als würde er Maß nehmen. Wie das geschehen sei? Er habe einmal zu oft „Heil Hitler!" gerufen. Als Bub sei er von den Fahrzeugen der Nazis sehr beeindruckt gewesen. Und als da einige an ihm vorbeigebraust sind, habe er zackig gegrüßt – und den Kübel mit ungelöschtem Kalk zu Boden fallen lassen. Ein Spritzer ins Aug', und er hat was fürs Leben gelernt.

Inzwischen sind die Kinder von Maria, Gerda und den anderen Geschwistern erwachsen. Wir haben unser Haus weiter ausgebaut, ich hab im Garten schon viele Bücher geschrieben, koche seit Jahren beim Manfred Buchinger in der „Alten Schule", und wenn mich jemand fragt, woher ich stamme, antworte ich: „Aus dem Weinviertel." Maria hat sich zur Kindergartenhelferin ausbilden lassen, Englischkurse besucht, war mit uns in der Karibik. Der Weinbau von Gerda und Joschi Döllinger floriert, der jüngste Sohn Matthias, der als Baby so oft bei uns auf dem Sofa geschlafen hat, während wir gegessen, getrunken und geredet haben, hat gute Schulen besucht und ist der Winzer der nächsten Generation. Mit Laptop und Traktor und dem Spruch „Sex and Drugs and Blasmusik" auf einem seiner T-Shirts. Maria ist vergangenen Sommer von heute auf morgen gestorben. Höchstwahrscheinlich waren es giftige Pilze. Ganz genau wird man es nie wissen, denn in Wien haben sie keine ordentliche Autopsie gemacht. Letztlich nicht wichtig. Bei ihrem Begräbnis waren mehr Menschen als bei jedem Dorfhonoratioren. Sogar eine Gruppe Türkinnen mit Kopftuch ist gekommen. Maria hat ihre Kinder betreut, hat sich gekümmert, und sie haben sie geliebt. So einfach ist das manchmal. Es war tröstlich, wie viele um sie trauern. Eine Dorfgemeinschaft. Begreifen kann ich ihren Tod trotzdem noch nicht.

Und trotzdem. In Frieden mit denen, die geblieben sind, bei einem Glas Wein sitzen. „In Frieden" – weiß ich, was das bedeuten kann, weil ich meine Heimat gefunden hab oder weil ich älter geworden bin? Wer muss schon alles so genau wissen, wenn draußen Schnee liegt und wir darauf hoffen können, dass im Sommer wieder die Grillen zirpen und beim Nachbarn drüben der Mähdrescher einfährt und dann mit einem völlig absurden klingelnden Scheppern verstummt? Es ist keine Idylle, die ich gefunden habe, sondern etwas viel besseres: Leben. Mit allem, was dazugehört.

WEINVIERTELKOCHBUCH

ALLTAGSSKÜCHE

Bislang war zumeist die Rede von besonderen Anlässen, zu denen es auch besondere Speisen gab. Viel schwieriger verhält es sich mit den alltäglichen Speisen. Problematisch ist hier, dass sich viele handschriftliche Aufzeichnungen auf Mehlspeisen konzentrieren, bei denen genauere Mengenangaben wichtig sind und die auch nicht so oft zubereitet wurden. Was an einem normalen Wochentag gegessen wurde, hat man kaum aufgeschrieben. Die meisten Angaben über Rezepte stammen deshalb aus verschiedenen Interviews aus den Jahren 2008 und 2009, in denen sich meine Gesprächspartnerinnen und -partner an das Essen ihrer Kindheit erinnerten. Ein weiteres Problem stellt auch das Aufkommen von Rezepten auf den Rückseiten von Verpackungen, etwa auf den Backpulversäckchen, dar, womit es zu einer besonders seit den 1950er-Jahren immer stärker werdenden „Internationalisierung" des Kochverhaltens kam. Verbunden mit der Erweiterung des Warenangebots ging das Wissen um ältere Speisen zurück, die oft auch ein Produkt der Armut gewesen waren. Genossen hat man hauptsächlich das, was auch in der Region angebaut worden ist, und dabei handelte es sich meist, freilich neben dem Wein, um Getreide und Hülsenfrüchte.

Getreide, Gemüse und Obst

Getreide war natürlich am wichtigsten für das in fast allen Kulturen mit der größten Symbolik „beladene" Nahrungsmittel, das Brot. Oftmals hatte es wesentlich mehr Geschmack als die „Dâtschn" von heute, besaßen die Bäuerinnen doch eine über Generationen vererbte Erfahrung im Backen, und vor allem hatte es eine feste Rinde, und dies nicht ohne Grund, da sie ja zur Konservierung des Brotes beiträgt. Als Triebmittel diente der „Ura" (Sauerteig), also die im Backtrog vom letzten Backen übrig gebliebenen Teigreste. Wie gekaufte Hefe verhalf er den Broten, die nach dem Kneten in „Simperln" (aus Stroh geflochtenen, länglichen oder runden Formen) ruhten, zum Aufgehen. Um den Teig saftiger zu machen, wurden diesem mitunter gekochte Erdäpfel beigemengt. Wie wichtig das „tägliche Brot" war, zeigen die vielen Rituale und Glaubensvorstellungen, die es allein um das Anschneiden des Brotes gab und gibt. Zum Beispiel machte man vor dem Anschneiden das Kreuzzeichen auf das Brot, als Segnung und zum Gedenken an die armen Seelen. Wurde dies vergessen, hieß es, das Scherzl gehöre dem Teufel. Auch durfte man nicht mit dem Messer in das Brot hineinstechen, denn wer ins Brot sticht, sticht dem Herrgott ins Herzen.

Aus dem Jahr 1795 werden für Raggendorf neben den Getreidesorten Roggen, Hafer, Weizen und Gerste vor allem Linsen und bereits Erdäpfel genannt. Angepflanzt wurden – teilweise auch an den Leerstellen zwischen den Weinkulturen – etwa Kraut und Fisolen, wie es 1821 für Matzen belegt ist. Aus Erhebungen in Kleinharras in den Jahren 1821 und 1828 geht hervor, dass die Nahrung hauptsächlich aus Gemüse bestand sowie meist an zwei Tagen der Woche aus Hülsenfrüchten. Selten kamen Fleisch und Mehlspeisen, womit damals Getreidesterz gemeint war, auf den Tisch. Wenn es Fleisch gab, dann oft in Verbindung mit Phasen besonders mühevoller Feldarbeit oder eben an Sonn- und Feiertagen – wie überall sonst auch. Obst, nämlich Zwetschken, die vielfach in vergorenem Zustand als „Zwetschkenmoasch" zum Brennen des Slibowitz Verwendung fanden, Weichseln und Äpfel wurde in Kleinharras damals nur für die Kinder angepflanzt, und das in geringem Umfang. Auch hier wurde mitunter der Platz zwischen den Weinkulturen genutzt, um Fisolen, Kraut, Kohl, Kukuruz und vereinzelt auch Obstbäume zu pflanzen. Die Vielfalt der angebauten Apfel- und Birnensorten im Weinviertel ist überwältigend, verglichen mit der heutigen Auswahl in Supermärkten. Da gab es die Howabirn, Woazbirn, Honigbirn, Rosmariebirn, Flaschnbirn, Mehlbirn, Salzburgerbirn, Nagawitzbirn, Katzenschädlbirn und die große Mostbirn, die „Salanka". Zu den Apfelsorten, die angepflanzt wurden, zählten unter anderem Maschanska, Grafensteiner, Schofnosn, Berner Rose, Goldbarmene, Krisofzka, Grundstiel und Weilinger, die auch aufgrund ihrer verschiedenen Erntezeiten und ihrer Haltbarkeit die Vitaminversorgung vom Herbst bis ins Frühjahr gewährleisteten.

Genauso wichtig ist in diesem Zusammenhang das Kraut. Klein ge-
hobelt mit Salz, Kümmel, Kren und Wacholderbeeren gewürzt lag
es mehrere Wochen im Bottich, wo es zu Sauerkraut vergären
konnte. Dieses Sauerkraut ist übrigens ein sehr probates Mittel gegen die Folgen von übermäßigem Genuss der Weinviertler „Lan-
dessäure", des Grünen Veltliners.

Eine besondere Gewichtung bei der Ernährung kam den Fisolen zu.
Dabei muss zunächst noch erwähnt werden, dass es sich bei den Fisolen nicht um das heute so bezeichnete Gemüse handelte, vielmehr
verstand man unter dem Begriff „Fisolen" kleine weiße Bohnen. Was
wir heute als Fisolen bezeichnen, waren die „Schardln". Auch diese
waren freilich geschätzt, jedoch nur als saisonales Produkt, im Gegensatz zu den Bohnen, die in getrocknetem Zustand faktisch das
ganze Jahr über in der Küche zum Einsatz kommen konnten. Meiner
Urgroßmutter, die mit ihrem Mann, einem Gerichtsbeamten, um
1908 einige Jahre in Haugsdorf lebte, ist die Eintönigkeit des Speise-
plans der ärmeren Leute stark aufgefallen: Fisolen mit Nudeln, Fisolen mit Knödeln, Fisolen mit Erdäpfeln usw.

So etwa auch Buchteln mit Fisolen, ein besonders für die Feldarbeit
kräftigendes Essen, das im ganzen Weinviertel verbreitet war. Die
Bohnen werden dazu über Nacht eingeweicht und mit Wurzelgemüse und eventuell etwas Lorbeer gekocht. Finalisiert wird das
Gericht durch eine leichte „Einbrenn" (Mehlschwitze), die aus
Schmalz, Mehl, Knoblauch und dem Kochwasser der Bohnen hergestellt wird. Eine andere Version des Gerichtes, die etwa aus Auersthal überliefert wird, sind Bröselnudeln mit eingebrannten Fisolen. Ein Gericht, das sich ob seines hohen Einweißgehaltes hervorragend als Fleischersatz eignete.

Die Buchteln waren meist ungefüllt und in einer salzigen Variante
zubereitet, mitunter wurden aber auch die klassischen Buchteln
mit Powidlfüllung dazu gereicht. Ein Beispiel für das Zusammen-
spiel von herzhaften und leicht süßlichen Komponenten in der
Weinviertler Küche; ein anderes wären etwa Semmelknödel mit
Marmelade – meist einer säuerlichen Marillenmarmelade.

Andere ebenfalls sehr sättigende Varianten waren eingebrannte

Fisolen mit Häferlsterz oder mit Brennsterz. Für den Häferlsterz wurde Vorschussmehl gekocht, danach der Großteil des Wassers abgeschüttet, sodass nur noch der Boden des Gefäßes mit Wasser bedeckt war. In den Teigklumpen wurden Löcher gestochen und obenauf erneut Wasser gegossen, um den Teig weiter durchzukochen. Mit Salz vermengt, wurde der Teig im Anschluss daran geknetet, und nach dem Auskühlen wurden kleine Stucke abgestochen und in heißem Schmalz herausgebacken.

Für den Brennsterz hingegen wurde Mehl ohne Zugabe von Fett in einem trockenen Geschirr unter ständigem Rühren gebräunt, anschließend mit kochendem Wasser aufgegossen, gesalzen und wie beim Häferlsterz dann in heißem Schmalz gebacken.

Man merkt sofort, dass es sich um wahrlich gehaltvolle Gerichte handelt, die bei schwerer körperlicher Arbeit Kraft spendeten.

Die Fisolen waren aber nicht nur bei der bäuerlichen Bevölkerung ein beliebter Eiweißlieferant, mitunter interessierte sich auch das Militär dafür. So mussten die kleinen weißen Bohnen während des 2. Weltkrieges an die Wehrmacht abgeliefert werden. Als Reaktion darauf erhielten die Bohnen einen neuen Beinamen, der eine unmissverständliche Anspielung auf den nationalsozialistischen Diktator war: „kleine Adolferln". Selbst auf die Ortsspottnamen hat die Fisole abgefärbt, wie eine der weniger freundlichen Bezeichnung für die Einwohnerschaft von Manfred Buchingers Heimatort Obersdorf zeigt. In früheren Zeiten wäre er demnach auch ein „Fisolenbalg" gewesen.

Ähnliches wie für die Fisolen gilt auch für den Kohl. Eine typische Zubereitungsform war etwa eingebrannter Kohl mit Bröselnockerln. Dazu wurden einfache Mehlnockerln hergestellt, die gekocht wurden, um anschließend in im Fett gebräunten Bröseln durchgeschwenkt zu werden. Der fein nudelig geschnittene Kohl wurde unterdessen gekocht und in einer mit Kümmel und Knoblauch verfeinerten Einbrenn serviert.

Der Anbau richtete sich auch stark nach den sogenannten „Lostagen", so begannen die Bäuerinnen nach dem Tag der 40 Märtyrer, dem 10. März, mit den ersten Versuchen, die „Muarkerln" (Karotten) und Petersilie im Garten auszusetzen. Im April folgten dann die Kohlrabi, und die Zwiebeln wurden „gestupft", also kleine Zwiebeln in die Erde eingelegt, auch Erbsen und Spinat kamen nun an die Reihe. Erst nach den „Eisheiligen" Pankratius, Servatius, Bonifatius und der kalten Sopherl, Mitte Mai, wurden die Fisolen, die „Umurkn" (Gurken), der „Zöller" (Sellerie) und die Paradeiser eingesetzt.

Eine zusätzliche Einnahmequelle vor allem für Kleinbauern stellte das Fahren auf die Wiener Märkte dar, wo sie die Produkte „direkt vermarkten" konnten, um diese ökonomische Floskel zu gebrauchen, die sicher keinem bzw. keiner Marktfahrer/in je in den Sinn gekommen wäre. Durch den direkten Verkauf der landwirtschaftlichen Erzeugnisse wurde die Gewinnspanne (und noch so ein Begriff) erhöht, worauf die Großbauern nicht unbedingt angewiesen waren. Und es brachte ja auch viel Mühsal mit sich, in aller Herrgottsfrüh bzw., solange noch mit Pferdefuhrwerken gefahren wurde, bereits am Vorabend nach Wien aufzubrechen, wo die Märkte teilweise bereits um zwei Uhr früh öffneten.

Eine der traditionellen Marktfahrergemeinden, über die wir aufgrund der Forschungen von Helmut Reiskopf, Josef Semrad und Otto Semrad sehr gut informiert sind, war bzw. ist, wenn auch nur noch in kleinerem Rahmen, Münichsthal. Hier hat das „Marktfahren" bereits eine über 200-jährige Tradition. Die Münichsthaler sollen auch die wildesten gewesen sein, wenn es um das sogenannte „Anrennen" auf die freien Verkaufsplätze auf den Märkten ging. Die Bauern nämlich, die keine fixen Standplätze hatten, mussten auf ein Signal hin von einer Linie aus, hinter der Aufstellung genommen worden war, losstürmen und versuchen, einen der noch vakanten Verkaufsplätze zu ergattern.

Im Franziszeischen Kataster von 1821 ist in Münichsthal die Rede von Apfel-, Birnen-, Zwetschken-, Kirschen- und Nussbäumen, deren Überschuss auf die Wiener Märkte geliefert wurde. Auch wird der Spargelanbau in den Weingärten erwähnt, der neben Wein und Obst das rentabelste Produkt war, das verkauft wurde.

Der Spargelanbau hat aber im ganzen Weinviertel Tradition, und spätestens seit dem Beginn des 19. Jahrhunderts wurde auch Handel damit betrieben. Ein großer Vorteil des Spargels ist, dass er im Frühling eines der ersten Gemüse ist, das geerntet werden kann. Außerdem eignete er sich auch als Zwischenfrucht in den Weingärten, bevor die heute so verbreiteten Spezialkulturen angelegt wurden.

In Marktfahrergemeinden wie Münichsthal wurde Obst nicht nur für den Eigenbedarf angebaut, es handelte sich um eine wirkliche Einnahmequelle für die Orte.

So überstieg hier auch die Bedeutung des Obstbaues mitunter die des Ackerbaues, da mit dem Obstbau und freilich auch mit dem Weinbau weit höhere Gewinne zu erzielen waren als mit der Ackerwirtschaft. Angebaut wurden neben den erwähnten Birnen, Äpfeln, Zwetschken, Nüssen und Kirschen auch Marillen, Pfirsiche, Ringlotten und Quitten sowie diverses Beerenobst. Obwohl keine dieser Obstsorten vollständig in den Hintergrund gedrängt wurde,

gab es doch Kulturen, die vorherrschten, so zuerst die Birnenkulturen. Jedoch verloren die Birnenkulturen für die Umgebung von Wien ihre Bedeutung durch den zunehmenden Ausbau des Eisenbahnnetzes in der k. u. k. Monarchie, womit billigere Lieferungen vor allem aus den östlichen Teilen der Monarchie ermöglicht wurden. Damit begann der Aufstieg der Kirschen, denn diese sind bei Weitem nicht so lange transport- und lagerfähig. In Münichstahl führte dies so weit, dass für die Münichsthaler der Name „Kirschbarone" bzw. „Kirschkönige" aufkam.

Die Kirschbaumbestände hatten sich dort derart ausgeweitet, dass um die 6000 Kilogramm täglich nach Wien geliefert werden konnten. Von dieser Entwicklung zeugen auch noch die vielen Kirschalleen im Weinviertel.

Besonders Kirsch-, Zwetschken- und Nussbäume standen auch als „Bamstattln" (Baumstätten) angeordnet auf eigenen Feldern, wobei sich in den Reihen Kirsch- und Zwetschkenbäume abwechselten. In den freien Zwischenräumen wurden Ribiseln gesetzt, aus denen mitunter auch Ribiselwein gewonnen wurde, und die Ränder der Felder wurden mit dem Anbau von Knoblauch, Lavendel oder Gemüse genutzt.

Nach einer 1902 zusammengestellten Statistik für den Bezirk Floridsdorf-Umgebung, der bis 1938 bestand und zu dem die ehemaligen Gerichtsbezirke Groß-Enzersdorf und Wolkersdorf gehörten, sowie Deutsch-Wagram, Gerasdorf mit seinen heutigen Katastralgemeinden und Süßenbrunn – die Bezirkshauptmannschaft hatte ihren Sitz am Spitz in Floridsdorf –, gab es dort 28.930 Obstbäume. Im Durchschnitt kamen damals auf einen Quadratkilometer also 66 Obstbäume.

Eine besondere Erwähnung hierbei verdient auch der „Weigoatpferscha", der Weingartenpfirsich, waren doch in unseren Breiten vor allem die Weinbauregionen mit ihrem milderen Klima dafür prädestiniert, dass diese Wärme liebende Pflanze gedeihen konnte und kann.

Erdäpfel

Seit mehr als 200 Jahren sind die Erdäpfel aus der Weinviertler Küche nicht mehr wegzudenken. Ihre weite Verbreitung steht im Zusammenhang mit Katastrophen, so der Hungersnot der Jahre 1772 und 1773, in denen der Anbau von Erdäpfeln einen Ausweg bot. Die Anfänge des Anbaues der Knolle in unserem Gebiet liegen bereits im Jahr 1761 und sind untrennbar mit dem Prinzendorfer Pfarrer Johann Eberhard Jungblut verbunden. Der aus Holland stammende Geistliche hatte die Erdäpfel aus seiner Heimat mitgebracht, und so nahm, wie die Prinzendorfer Pfarrchronik berichtet, von dort auch ihre Verbreitung im „ganzen Viertel unter dem Manhartsberg" (= Weinviertel) ihren Ausgang. Pfarrer Jungblut zu Ehren wurde 1834 an der Außenwand der Pfarrkirche von Prinzendorf eine Tafel angebracht. Darauf befindet sich folgendes Gedicht, das manchen vielleicht zum Schmunzeln verleiten mag:

„Ihm, dem ersten Pflanzer jener Knollen,
die in großer Not sich so bewährt,
will die Nachwelt ihren Dank hier zollen,
wenn sie seine Ruhestätte ehrt.
Heb ab, Wandrer, dankbar deinen Hut,
hier liegt Johann Eberhard Jungblut.“

Damit aber nicht genug, wurde der Prinzendorfer Pfarrer musikalisch auch im „Jungblut-Marsch“ verewigt.

Endgültig zum Volksnahrungsmittel wurden die Erdäpfel wenige Jahrzehnte später in der Not, die die napoleonischen Kriege hervorgerufen haben. In dieser Zeit diente aber der Erdäpfelanbau vorerst der Selbstversorgung. Gemeinsam mit dem Mais als weiterer „neuer“ Pflanze, der aber im Weinviertel hauptsächlich als Futterpflanze verbreitet war, verdrängten die Erdäpfel immer mehr den Buchweizen, der schon im Mittelalter eine wichtige Rolle als Grundnahrungsmittel gespielt hatte – als Brei oder sogenannter „Haidensterz“ zubereitet. Erst in der Zeit um 1840 stieg die Produktion so weit an, dass auch die Erdäpfel aus dem Weinviertel auf die Wiener Märkte geliefert wurden, und der „Eräpfelschmarrn“ als sättigendes, Kraft spendendes und vor allem billiges Essen erlangte große Bedeutung bei der körperlich anstrengenden bäuerlichen Arbeit.

Eine andere Bezeichnung für die Erdäpfel lautet übrigens Bramburi. Der Begriff kam über das heutige Tschechien ins Weinviertel und geht auf nichts anderes als auf „Brandenburger“ zurück, war es doch Friedrich der Große, der für ihren großflächigen Anbau sorgte. Über den Umweg von Brandenburg/Preußen verbreiteten sich die Erdäpfel nach Böhmen und Mähren, wo sie noch heute „brambor“ heißen.

93

PARADEISSUPPE MIT NUDELN

1 kg Paradeiser, überreif
2 EL Gemüsewürze
100 g Vollkornspiralnudeln
12 Kirschparadeiser
Salz, Pfeffer, 1 Prise Zucker
1 EL Petersilie, fein geschnitten

Ein Liter Wasser mit den halbierten Paradeisern und der Gemüsewürze 20 Minuten
kochen. Danach Suppe stabmixen und wieder aufkochen, die Vollkornspiralnudeln
und die Kirschparadeiser einlegen, in der Suppe gar kochen.
Die Stärke aus den Nudeln gibt der Suppe Glanz, Kraft und Bindung. Mit Salz, Pfeffer
und einer Prise Zucker würzen. Paradeisersuppe in heißen Tellern anrichten,
mit Petersilie bestreuen.

Diese Suppe bekam ich von Mutter in vielfach abgeänderter Form mindestens
zwei- bis dreimal pro Woche nach der Schule, im Radio lief von zwölf bis eins die
legendäre Sendung „Autofahrer unterwegs" aus dem Wiener AEZ ...
Rosemarie Ysopp ... Walter Nissner ... von 1955 bis 1985 sieben Tage die Woche.
Meist wurde ich beim ersten Mal im jeweiligen Sommer liebevoll am Ohrläppchen
gezwickt, mit dem Spruch „was Heurig's"! Das war Tradition bei Gemüse und
Früchten aus dem eigenen Garten.
Die Suppe ging so den ganzen Sommer lang bis in den Herbst hinein,
da hing sie mir dann schon beim Hals heraus, übrigens: Pfeffer war damals nichts
für Kinder, davon wurden sie „schlimm", was immer das auch bedeutete ...
abends vom Milchholen im örtlichen Milch-Kasino (dorthin brachten die Bauern
die kuhwarme Milch zum Abkühlen, in der Nacht wurde sie von der Molkerei
abgeholt) zu spät nach Hause kommen ... erste Schmuse-Versuche mit Mädels
in der einbrechenden Nacht, denn Milchholen, das durften wir alle, höchstens bei
Hausarrest, da war sogar diese Kommunikation ausgeschlossen.

TOPINAMBURSUPPE MIT GRANATAPFEL

*Mit dieser Suppe können Sie jedermann/jedefrau verführen, denn einst in einer
Bibelrunde hat uns damals 16-Jährigen der Obersdorfer Pfarrer, der Anton W., a ganz
Gscheida, ein Religionsgeheimnis verraten: Eva konnte Adam keineswegs
mit unserem herkömmlichen Apfel verführen, denn in der Gegend gab es keine,
es muss ein Granatapfel gewesen sein, dessen Schale extrem herb war,
deshalb kam es ja später für uns Menschen so „bitter" nach dem Paradies!*

400 g Topinambur
*(ursprünglich war das ein wichtiges Nahrungsmittel der Topi-Indianer, ein Korbblütler
der Sonnenblume nahe stehend, kann man auch roh essen, gibt es bei uns auch
deshalb noch, weil Jäger nicht nur schießen, sondern auch hegen und Topinambur für
das Wild anbauen, ebenso wird auch mit Zuckerrüben im Schnee das Reh ein bisschen
durch den Winter gebracht), gut abgebürstet und gewaschen*
80 g Butter
2 EL Gemüsewürze
1 EL Mehl, wird beim Rösten mitkaramellisiert
1 Prise geschroteter Kümmel vom Kotanyi
(ist übrigens auch in Wolkersdorf daheim!)
⅛ l Grüner Veltliner
1 l Wasser
Salz, Pfeffer
⅛ oder 0,125 l Obers (halber Becher)
Petersilie, fein geschnitten
Kerne von einem Granatapfel

Topinambur mit der Schale in kleine Stücke schneiden, in der Butter kräftig braun
anrösten, Gemüsewürze dazugeben, mitrösten. Mit Mehl stauben und braun
karamellisieren, geschroteten Kümmel dazugeben, mit Grünem Veltliner ablöschen.
Mit Wasser aufgießen, weich kochen und mit dem Stabmixer (oder der guten alten
„Flotten Lotte") pürieren. Mit Salz und Pfeffer abschmecken, Obers einmixen,
anrichten. Topinambursuppe mit Petersilie und Granatapfelkernen vollenden.

„FISOLEN"SALAT

1 Zwiebel, fein geschnitten
1 Knoblauchzehe
1 EL Estragonsenf
60 ml Rapsöl
30 ml Apfelessig
Zucker
Salz, Pfeffer
150 g weiße Bohnen,
über Nacht eingeweicht und dann in Wasser ohne Salz gekocht (für Eilige:
500 g aus der Dose – in diesem Fall die Bohnen gut abspülen und abtropfen lassen)
Petersilie, fein geschnitten

Aus fein geschnittener Zwiebel, gehacktem Knoblauch, Estragonsenf, Rapsöl, Essig, Zucker, Salz, Pfeffer eine Marinade rühren. Bohnen am besten noch lauwarm in die Marinade geben. Mit Petersil bestreuen.

SonnentoR-Bohnenkraut verwende ich gerne zu jedem Bohnengericht, vor allem im Winter, man sagt, es dämpft die „Winde", Sariette heißt es auf französisch, das klingt so schön, obwohl es nur eine andere Art Thymian ist, und man kann damit „einedrahn", wie man im Weinviertel für „angeben" sagt.

„FISOLEN" MIT WUCHTELN

*„Einbrennte Fisolen met Wuchteln" gab es immer in Pillichsdorf bei meinem Onkel,
dem Bäcker. Ich dachte früher, das hat mit der Bäckerei zu tun und die haben
halt so einen perversen Geschmack, die Bäcker, oder die Wuchteln waren zufällig da.
Nichts da, später, als mich das Essen und die Bräuche meiner Vorfahren
immer mehr interessierten und ich zum Herumfragen anfing, stieß ich immer wieder
auf diese wunderbare Zusammenstellung.
Die Gindl Franzi, unsere Obersdorfer Heurigen-Wirtin, stammt aus Großebersdorf,
und dort gab es das zuhause auch. Was mir keiner erklären konnte,
warum weiße Bohnen weltweit weiße Bohnen heißen, bei uns im Dorf aber Fisolen,
die man woanders grüne Bohnen nennt, doch bei uns heißen diese Schardln oder
Boh-Schardln. Herrlich, wenn man im Weinviertel im
sogenannten Kulinarischen Asterix-Inselland leben darf! Übrigens:
In meiner näheren Umgebung leben über 1500 gezählte echte Wildschweine,
zum Glück mehr als Rechts-Wähler …*

Für die Weinviertler Fisolen:
1 Zwiebel, 2 Knoblauchzehen
Bohnenkraut, am besten frisch
40 g Butter, 1 EL Mehl, 250 ml Gemüsesuppe
(oder Wasser, das mit 1 EL Gemüsewürze 15 Minuten verkocht wurde)
150 g weiße Bohnen,
*über Nacht eingeweicht und dann in Wasser ohne Salz gekocht (für Eilige: 500 g aus der
Dose – in diesem Fall die Bohnen gut abspülen und abtropfen lassen)*
Salz, Kotanyi-Pfeffer, geschrotet

Zwiebel und Knoblauch fein schneiden und mit dem abgezupften Bohnenkraut in
der Butter anrösten. Mit Mehl stauben, braun karamellisieren, zwei Minuten
rühren, dann mit der Gemüsesuppe aufgießen, weiterrühren. Nach zehn
Minuten Bohnen dazugeben, einige Minuten köcheln lassen, mit Pfefferschrot
und Salz abschmecken.

Dazu gibt's Buchteln und in manchen Dörfern auch noch Bröselnudeln aus
gekochten Bandnudeln (siehe S. 105) dazu, das war dann sozusagen ein Menü auf
einem Teller. Vielleicht auch noch „to go" … rauf aufs Pferdefuhrwerk, in der
Hand noch die Wuchtel … was übrigens bei Mutters Erziehung nicht vorkam:
„Gessn wird am Tisch." Damit war Wegbewegen ein Sakrileg, Leute, die auf der
Straße aßen, bestenfalls fahrendes Volk, Rauchen im Gehen für Vater ein NoNo".

Für die Wuchteln (Buchteln) dazu:
20 g frische Germ (Hefe), 130 g Kristallzucker, ⅛ l Milch
300 g Mehl und ein bisserl was zum Stauben, 60 g Butter (2 kräftige EL)
1 Ei, 2 Dotter, 1 Prise Salz, 1 Prise gemahlene Vanilleschote und etwas abgeriebene
Bio-Zitronenschale zum Würzen, für die Fülle feste Marillenmarmelade oder Powidl
ohne Alkohol, denn wir müssen danach ja noch Traktorfahren können ...,
1 kräftiger EL Butter für die Pfanne, 1 Eidotter

Die Germ (Hefe) mit etwa einem Drittel des Zuckers „füttern", denn die lebt ... (Fett und Salz würden sie umbringen, Germteig, den lehrten Mütter den Mädels schon in deren Volksschulzeit) und in lauwarmer Milch auflösen. 2 Esslöffel vom Mehl hinzufügen, gut verrühren, mit etwas Mehl bestäuben, mit einem leeren warmgemachten Reindl verkehrt zudecken und im Backrohr bei 30° C ca. eine Dreiviertelstunde warmstellen. In der Zwischenzeit Butter zergehen lassen, mit der Milch, dem verblieben Zucker, Mehl, Eiern und den Gewürzen rühren, dann das „Dampfl", die Germ, wie der Vorteig richtig heißt, untermengen und mit dem Kochlöffel glattrühren, sozusagen die Masse „schlagen", oder in einer Küchenmaschine im Kessel so lange rühren, bis ein seidiger Teig entsteht. Den Teig abgedeckt so lange rasten lassen, bis sich die Masse verdoppelt hat. Das Backrohr auf 175° C vorheizen. Die Arbeitsfläche, das Nudelbrett, mit etwas Mehl bestäuben, den Teig zentimeterdick viereckig ausrollen, in Vierecke portionieren, schneiden. Mit der Marmelade mittig belegen, nach oben hin verschließen, zusammendrücken. In der Backpfanne einen kräftigen Esslöffel Butter zerlassen, die Wuchteln eintauchen und Stück für Stück eingetaucht zusammenschieben, die glatte schöne Seite nach oben. Nochmals etwas in Herdnähe gehen lassen, danach etwa 30 Minuten im Ofen backen und heiß zu Tisch bringen. Dotter, mit etwas Wasser glattgerührt, damit knapp vor Ende der Backzeit die Wuchteln bestrichen – ergibt einen besonders schönen Glanz ...

BOHNENSTRUDEL
MIT BLAUEM ERDÄPFELSALAT

*Ich glaube, den Bohnenstrudel hat meine aus dem Burgenland
eingeheiratete Tante ins Weinviertel eingeschleppt ...*

1 Zwiebel, 2 Knoblauchzehen
Bohnenkraut, am besten frisch
40 g Butter, 1 TL Mehl, 150 ml Gemüsesuppe
(oder Wasser, das mit 1 EL Gemüsewürze 15 Minuten verkocht wurde)
150 g weiße Bohnen,
*über Nacht eingeweicht und dann in Wasser ohne Salz mit einem Lorbeerblatt
und etwas Bohnenkraut gekocht (für Eilige: 300 g aus der Dose,
in diesem Fall die Bohnen gut abspülen und abtropfen lassen)*
Salz, 1 Prise weißer Pfeffer, 1 Ei, Strudelteig,
*selbst gemacht, steht wunderbar einfach beschrieben im Kronenzeitung-Kochbuch,
notfalls 1 Pkg. fertiger Strudelteig*
2 Erdäpfel, gekocht und geschält, 1 EL Schmalz

Zwiebel und Knoblauch fein schneiden und mit dem abgezupftem Bohnenkraut in der
Butter anrösten. Mit ganz wenig Mehl stauben, eine Minute rühren, dann mit der
Gemüsesuppe aufgießen, weiterrühren. Nach zehn Minuten Bohnen dazugeben, gut
durchrühren. Überkühlen lassen. Mit Salz und weißem Pfeffer abschmecken. Ein
verquirltes Ei unter die Bohnenmasse rühren. Bohnen in den Strudelteig füllen, zwei
gekochte Erdäpfel grob darüber zerdrücken, Teig zusammenrollen und so auf ein
Blech mit etwas Schmalz setzen, dass die „Nahtstelle" unten ist. Rohr auf 180° C
vorheizen, Strudel mit Schmalz bestreichen und ca. 30 Minuten knusprig backen.
Mit blauem Erdäpfelsalat servieren.

Für den Erdäpfelsalat:
600 g Kipfler, 100 g fein geschnittener Zwiebel, 1 TL Estragonsenf, 60 ml Rapsöl
1 TL Zucker, 20 ml Hesperiden-Essig, 60 ml Gemüsesuppe *(oder Wasser mit*
1 TL Gemüsewürze 15 Minuten verkochen) **oder Rindssuppe, Salz**

Erdäpfel waschen und dämpfen. Aus den restlichen Zutaten eine Marinade rühren.
Erdäpfel heiß schälen und sofort in die Marinade schneiden.
Meist muss ich dann noch etwas nachzuckern.
Für den blauen Erdäpfelsalat blaue Erdäpfel verwenden.

EINBRENNTE „FISOLEN"
MIT BRÖSEL-BANDNUDELN

150 g weiße Bohnen
über Nacht in reichlich Wasser eingeweicht, am besten große Saubohnen oder
Pferdebohnen verwenden, ohne Salz kochen und nach dem Kochen noch neumodisch
schälen (vermeidet „Jedes Böhnchen ...")
40 g Butter
1 EL glattes Mehl
150 ml Gemüsesuppe
(oder Wasser, das 15 Minuten mit 2 TL Gemüsewürze gekocht wurde)
Salz, Pfeffer aus der Mühle
1 Stange Lauch

Butter in einer Pfanne zergehen lassen, das Mehl dazugeben, rühren, bis es sich zu
färben beginnt (also einbrennen). Mit kalter Suppe aufgießen. Fein geschnittenen
Lauch dazugeben und 15 Minuten auf kleiner Flamme verkochen lassen.
Eventuell etwas Suppe nachgießen. Würzen, Bohnen dazugeben und einige Minuten
köcheln lassen.

Für die Brösel-Bandnudeln:
100 g Brösel
40 g Butter
250 g Bandnudeln

Brösel in Butter rösten, Nudeln in Salzwasser bissfest kochen, gut abtropfen lassen,
in den Bröseln schwenken.

Einbrennte „Fisolen" mit den Bröselnudeln anrichten.

Bröselnudeln angezuckert (mit Schneegestöber, wie mein Vater immer zu sagen
pflegte) schmecken auch im Herbst mit Birnenkompott, dem man einige
Walnusskerne untermischt.

SAUERKRAUT
MIT WURZELGEMÜSE UND WACHOLDER

600 g Sauerkraut
1 Karotte
1 gelbe Rübe
1 große Zwiebel
2 Knoblauchzehen
1 EL Mehl
200 ml Gemüsesuppe
(oder Wasser mit 1 TL Gemüsewürze 15 Minuten kochen lassen) oder Weißburgunder
1 EL Wacholder
Salz, Pfeffer, evtl. etwas Zucker
evtl. Schweinsschwartl
2 EL Schmalz

Schmalz zergehen lassen, fein geschnittene Zwiebel und Knoblauch anschwitzen, geschältes und in dünne Scheiben geschnittenes Wurzelgemüse mitrösten. Sauerkraut abtropfen lassen und dazugeben, durchrühren. Wacholderbeeren mit dem Messerrücken aufdrücken, dazugeben. Mit Mehl stäuben, durchrühren, mit Suppe oder Wein aufgießen, eventuell Schweinsschwartl dazugeben und zehn Minuten dünsten, mit Salz, Zucker und Pfeffer abschmecken.

EINBRENNTER KELCH
MIT BRÖSELNOCKERLN

500 g Kelch (Kohl oder Wirsing)
*(Bei Omas, also der wirklich alten Version wurden nur die dunkelgrünen äußeren Blätter
gleich von mehreren Kohlköpfen in Salzwasser blanchiert und in ihrem Lieblingsgerät, weil
damals so fortschrittlich, der Hand-Faschiermaschine, grob heruntergedreht verwendet,
sonst wie unten nur mit etwas mehr Mehl eingebrannt und mit viel Majoran und Kümmel
gewürzt. Den hellen Teil des Kohls gab es etwas feiner mit Einmach und, falls es auf der
Milch grad drauf war, Obers und mild gewürzt zum gebratenen Karpfen, falls Großvater
Lust zum Zerlegen [Filetieren] hatte, der Rest wurde zur Fischbeuschelsuppe,
aber das ist wieder eine andere Geschichte ...)*
40 g Butter
1 Zwiebel
2 Knoblauchzehen
1 EL glattes Mehl
150 ml Gemüsesuppe
(oder Wasser, das 15 Minuten mit 2 TL Gemüsewürze gekocht wurde)
Salz, Pfeffer aus der Mühle

Kohl vom Strunk befreien und fein schneiden. Butter in einer Pfanne zergehen
lassen, fein geschnittene Zwiebel, Knoblauch und Kohl darin anrösten, mit Mehl
bestäuben, zwei Minuten rühren (einbrennen). Mit kalter Suppe aufgießen.
15 Minuten auf kleiner Flamme verkochen lassen. Eventuell etwas Suppe
nachgießen. Mit Salz und Pfeffer würzen.

Für die Bröselnockerln:
1 Ei, Wasser nach Bedarf, Salz
100 g glattes Mehl
100 g Brösel, 40 g Butter

Ei mit etwas Wasser und Salz versprudeln, mit dem Mehl und so viel Wasser, wie man
braucht, einen Nockerlteig rühren. In kochendes Salzwasser mit einem Löffel
Nockerln einlegen. Brösel in Butter rösten, Nockerln in den Bröseln schwenken.

Einbrennten Kelch mit Bröselnockerln anrichten.

Die Bröselnockerln schmecken gezuckert mit Marillen-Kompott auch im Winter!

KNÖDEL MIT GURKENSALAT

Hilfe, schon wieder so eine wunderbare Jugenderinnerung! Geboren sieben Jahre nach dem 2. Weltkrieg, mit Österreich ging's steil bergauf, aus dem Nichts ist statistisch gesehen im Nachhinein immer steil, doch wir mitten in der russischen Zone, mit duftendem Gartengurkensalat und frischen dampfend heißen Knödeln, Vater reparierte tagsüber den Karl-Marx-Hof in Wien, und abends nach den Knödeln ging es wieder auf unsere Baustelle, Häuselbauer, aus dem Katalog, so weit waren wir noch nicht, Kaugummi kannten wir nur aus dem Radio ... und Franz Ruhm war dort der Koch!

100 g Zwiebel, fein geschnitten
20 g Schmalz oder Butter
frische Petersilie oder andere frische Kräuter, fein geschnitten
100 ml Milch, 2 Eier, Salz
Muskatnuss, frisch gerieben, 3 Semmeln, geschnitten

Fein geschnittenen Zwiebel in Schmalz langsam kochen, wenn er Farbe nimmt, fein geschnittenen Petersil dazu, überkühlen lassen. Milch, Eier, Salz, Muskatnuss mixen, über die geschnittenen Semmeln geben, Zwiebel dazu, Masse locker durcharbeiten, durchziehen lassen. Auf Klarsichtfolie Serviettenknödelstangen formen (ca. 4 cm dick). In Salzwasser ca. 20 Minuten kochen. Knödel schneiden und auf Gurkensalat anrichten. Möchten Sie runde Knöderln, dann rund formen und in glattem Mehl rundherum rollen und ebenso im Salzwasser kochen.

Für den Gurkensalat:
600 g Gurken (im Sommer unbedingt Gartengurken vom Markt holen!), Salz
60 ml Rapsöl
schwarzer Pfeffer aus der Mühle
20 ml Apfelessig
2 Knoblauchzehen
1 Prise Paprikapulver

Gurken schälen und in dünne Scheiben hobeln. Wenn die Kerne sehr groß sind, kann man die Gurken auch entkernen und dann hobeln. Mit etwas Salz vermischen und 15 Minuten ziehen lassen. Danach die Flüssigkeit abgießen. Aus Öl, Pfeffer, Essig und zerdrückten Knoblauchzehen eine Marinade mischen, Salat eine halbe Stunde bei Zimmertemperatur durchziehen lassen, mit Paprikapulver garnieren.

BRÖSELNUDELN

Weil ich euch früher so gehasst habe, habe ich euch jetzt für mich verfeinert!

80 g Butter
½ Stange Lauch oder Jungzwiebeln oder frische Röhrln
von den Zwiebeln aus dem Garten
100 g Brösel
300 g feine Dinkel-Suppennudeln
4 Eier
grobes Salz
1 Bd. Schnittlauch
oder das, was viele wegwerfen: die Stiele von der Petersilie,
so dünn wie Schnittlauch geschnitten
Bio-Kürbiskernöl

60 Gramm Butter erhitzen, fein geschnittenen Lauch darin schwenken. Brösel dazugeben und anrösten. Nudeln in Salzwasser gar kochen, dazugeben, durchmischen.
Vier Eier in 20 Gramm Butter auf beiden Seiten ganz hell braten. Zu Vierecken schneiden, die Randstücke in kleine Würfel schneiden und unter die Bröselnudeln mischen. Bröselnudeln anrichten, darauf ein gebratenes Ei setzen, mit grobem Salz und fein geschnittenem Schnittlauch bestreuen.

Sehr gut schmeckt auch etwas Bio-Kürbiskernöl aus dem Weinviertel von der Familie Christa & Pepi Krexner darüber …

Keiner will es wissen,
aber das Weinviertel produziert schon sehr viel Kürbiskernöl!

BUCHWEIZENSTERZ

Wir suchen heute durch sogenannte Foodfinder weltweit in den entlegensten Gebieten nach Unentdecktem, Neuem, Geschmack, Produkten, Essbarem etc. und haben verlernt, in der Nähe zu forschen. Der Sterz ist es wert, wiederentdeckt zu werden, Donuts kennt unsere übernächste Generation bereits in der Wiege, während Opa und Oma das Zubereiten von Sterz verlernt haben. Und wie der schmeckt, wenn er gezuckert auf den Tisch kommt, mit Apfelmus oder Kompott ... da könnten wir doch einmal den Industrie-Kaiserschmarrn aus der Tiefkühltruhe im Supermarkt vergessen und Erlebnis „essen zu Hause" spielen.

1 l Wasser
2 EL Gemüsewürze
(darf sein, muss nicht, nur mit Wasser ist das Gericht puristischer)
250 g Buchweizensterz-Mehl
3–5 EL Schmalz
(ersatzweise gibt's nix, sunst schmeckt's nach nix, wie Oma zu sagen pflegte)
Salz, Pfeffer aus der Mühle

Wasser mit Gemüsewürze zum Kochen bringen, Mehl auf einmal in das kochende Wasser leeren, in der Mitte mit dem Kochlöffelstiel eine Öffnung machen, dann kocht die Flüssigkeit über denn Rest des Mehles, nach ca. fünf Minuten umrühren, danach immer wieder umrühren, bis der Sterz gekocht ist. Das dauert ca. 20 Minuten.
In einer Riess-Pfanne Schmalz zerlassen, den gekochten Buchweizensterz hineinlöffeln und so lange abschmalzen, bis er knusprig braun ist. Mit Salz und Pfeffer abschmecken. Mit Häuptelsalat genießen.

KRAUTFLECKERLN

500 g Weißkraut
(meine Variationen: Frühkraut, junger Kohl, Chinakohl
oder modern: „le must" mit Chicorée)
Salz
1 große Zwiebel
2 Knoblauchzehen
40 ml Rapsöl
1 Prise Zucker
250 g Fleckerlnudeln oder Lasagneblätter
Pfeffer aus der Mühle

Kraut vom Strunk befreien, in grobe Würfel schneiden. Salzwasser zum Kochen bringen. Zwiebel und Knoblauch fein schneiden und im Öl kräftig anrösten. Eine Prise Zucker dazugeben und weiterrösten. Krautwürfel im Salzwasser drei Minuten blanchieren, dann mit den Zwiebeln rösten. Fleckerlnudeln oder gebrochene Lasagneblätter im Salzwasser bissfest kochen und unters Kraut mischen. Kurz weiterschwenken, salzen, pfeffern und anrichten.

Mutter hat das Kraut nie blanchiert, auch nie Zucker oder Essig verwendet, wie das viele Verwandte tun, meine Kinder mögen es mit Soja-Sauce, Sambal Oelek und Curry-Ketchup, hat ihnen meine holländische Schwiegermutter beigebracht (das Ketchup nicht), Gott hab sie selig, die konnte wirklich indonesisch kochen, wie ganz früher, bevor Conimex erfunden wurde ...

Safran

Eine Besonderheit im Weinviertel stellte der Gewürzanbau dar, und zwar gerade von Gewürzpflanzen, mit denen man in dieser Gegend im ersten Moment kaum rechnen würde. So wurde nämlich im Weinviertel, wie auch in einigen anderen Regionen Österreichs, eines der teuersten Gewürze der Welt, nämlich Safran, angebaut. Die Pflanze benötigt Wärme, um zu gedeihen, und so fand sie in den Weinbauregionen, die über ein dazu geeignetes Klima verfügen, ihren Platz. Bereits seit dem 12. Jahrhundert lässt sich das orientalische Gewürz in Niederösterreich nachweisen – vermutlich spielten wie bei anderen Spezereien auch hier die Kreuzzüge in der Vermittlung des Gewürzes eine Rolle. Der niederösterreichische Safran, der „Crocus austriacus", galt sogar als von besonderer Qualität. Bis ins 19. Jahrhundert wurde er im Weinviertel mit einigem Erfolg angebaut. Sein Niedergang war verbunden mit billigeren Importen und dem mit dem Anbau verbundenen großen Arbeitsaufwand. Anfang des 20. Jahrhundert wurde er etwa in Münichstahl höchstens noch für den Eigenbedarf angebaut.

Nutztiere

Viel seltener als heute wurde Fleisch genossen, überwiegend war es Schweinefleisch. Für gewöhnlich wurde schon allein der Konservierung wegen in der kalten Jahreszeit geschlachtet. Ein erster Schlachttermin war um Allerheiligen, der nächste dann vor Weihnachten, normalerweise am Tag des Heiligen Thomas (21. Dezember).
Ein drittes Mal wurde im Fasching geschlachtet, bevor die große Fastenzeit beginnt. Die reicheren Bauern schlachteten öfter, etwa zur Weinlese oder, wie erwähnt, zum Kirtag das „Kirtagsfadl", ein etwa mittelgroßes Schwein.
Wie früher üblich, wurde dabei größter Wert auf die faktisch vollständige Verwertung des geschlachteten Schweins gelegt. So wurden aus den Därmen Wursthäute, der Magen eignete sich als Hülle für die Presswurst, und mit dem Blut wurde die Blunzn hergestellt, die nicht nur wie heute in ihrer gebratenen Form verzehrt wurde, sondern auch als Blunznsuppe.

Frisch nach dem „Abstechen" wurde unter anderem auch der Lungenstrudel gemacht, wozu das gekochte Beuschel mit Zwiebeln und Gewürzen angebraten, anschließend in einen, früher natürlich selbst gemachten, Strudelteig gefüllt und gebacken wurde.

Zur weiteren Haltbarmachung wurde das Fleisch geselcht, also geräuchert, und viele Bauern hatten deswegen auch eine eigene Selchkammer.

Verkocht wurden auch die Grammeln, also der klein geschnittene ausgelassene grüne Schweinsspeck, den meisten vermutlich nur noch gesalzen oder in Form des Grammelschmalzes bekannt. Es gab sie aber auch in einer süßen Variante etwa als Grammeltorte – hier eine Version, die im Jahr 1921 in Schleinbach aufgezeichnet wurde: Die fein gehackten (nicht gesalzenen) Grammeln wurden mit etwas Rum, abgeriebener Zitronenschale, einem Ei, etwas Zimt und Neugewürz sowie einem halben Quantum Frühstücksgugelhupf, einer damals gebräuchlichen Mischung aus Mehl mit Zucker und Triebmittel, vermischt. Die Hälfte der Masse wurde in eine Tortenform gefüllt und mit Marmelade bestrichen. Der Rest der

Masse wurde dann in eine Gitterform, wie bei einer Linzertorte, darübergelegt und die Grammeltorte gebacken.

Eine weitere Besonderheit bei der Fleischverarbeitung im Weinviertel, die längst in Vergessenheit geraten ist, war der Presshausschinken. Die Art, wie er in den Presshäusern reifte und auch genossen wurde, weckt fast Erinnerungen an Italien oder das Tessin. Folgende Zeilen gehen auf die Erinnerungen meines Vaters, des Weinviertler Volkskundlers Dr. Werner Galler, zurück, in denen sich auch jene des leider schon lange verstorbenen Riedenthaler Bauern Franz Obermaier an die sogenannte „Köllastund" finden. Es ist eine „Geschichte von Hintaus", wie es so schön der Schriftsteller und Weinviertler Anwalt oder vielleicht besser Anwalt des Weinviertels Martin Neid ausgedrückt hat.

Wie alle Bauern besaß mein Großvater zusätzlich zum Hauskeller ein Presshaus in der Kellergasse. Darin hing luftig eine große Speckseite, noch lieber Haxe. Der Schinkenspeck sollte möglichst fern vom Dunst

und Schimpel der Kellerröhre hängen. Er war trocken und hart und schmeckte fantastisch. So trocken, dass er nur mit hingebungsvoll geschliffenem Feitl oder Taschenmesser abgeschnitten werden konnte: Die dünnen Streifen wurden direkt gegessen. Sie brauchten kein Zu-Brot. Dieses wäre im Presshaus oder Keller ohnehin in kürzester Zeit verdorben. Besonders schmackhaft war der magere Fleischkern, auch wenn er bereits grün schillerte. Mein Großvater – und die anderen Bauern – pflegten am Vormittag mit Kellerzöger und Tupfer, dem Weinheber, in die Kellergasse aufzubrechen (er mit seinem steifen Hax'n zu humpeln) und dann mit dem Mittags-Doppler heimzukehren – unter der Woche mit einem „Trunk", am Sonntag mit einem Guiden. Vor dem Essen gab es noch einige magere Streifen.

Meist meditierte der Bauer allein im Keller, wenn er den Mittagstrunk holte. Der war ein Zwiemandl (Doppelliter) für die Familie, heimgetragen aufrecht im Kellerzöger. Sowohl Großvater als auch Vater hielten an dieser Tradition fest, bevor Riedenthal der Wolkersdorfer Zukunftsorientiertheit anheim fiel.

Für den Gedankenaustausch mit mehreren Männern gab es ein großes Glas eingelegter Gurken und harte Eier, welche in der Rocktasche Platz fanden. Wie auch sonst im Weinviertel hing an der Wand noch ein luftdurchlässig holzgegitterter Quargelkasten, in dem auch die Reservekerze für die spiraldrahtige Kellerleuchte ihren Platz hatte. Jeder Bauer, auch wenn er im Hofverband ohnehin Presshaus und Keller hatte, bemühte sich um eine Gelegenheit in der Kellergasse, um der Beobachtung durch die Ehefrau zu entfliehen und mit dem guten Grund der Kellerarbeit.

Neben der Schweinezucht spielten vor allem Rinder eine Rolle, deren Milch oft auch auf den Märkten verkauft wurde; vielfach wurden daher zur eigenen Milchversorgung Ziegen gehalten, was zusätzlich den Vorteil hatte, dass Ziegen sehr genügsame Tiere sind. Milch war auch einer der Hauptbestandteile verschiedener einfacher Speisen, so gab es etwa Nudeln oder Nockerln in einer Milchsuppe, die übrigens nicht gesüßt, sondern salzig war.

Auch Buttermilch und Ziegenbutter besserten den Speiseplan auf. Eine besondere Leckerei waren, wie die Memoiren des Ernstbrunner „Ui"-Mundartdichters Karl Bauer erzählen, auch die „Topfn-

tatschkerln". Für diese wurde Topfen aus Ziegenmilch in ein grobes Leinentuch geschüttet und auf einem Baum zum Abtropfen aufgehängt. Aus dem Ziegentopfen wurde dann gemeinsam mit Schnittlauch und Salz eine Masse hergestellt, die in kleinen Portionen in Erdäpfelteigstückchen gefüllt wurde. Anschließend wurden sie dann in gerösteten Bröseln geschwenkt.

Davon dass einst auch die Schafzucht von Bedeutung war, zeugen die ehemaligen „Schafflerhöfe", wie es sie vor allem im Marchfeld gab, so etwa Siehdichfür bei Gänserndorf oder bei Obersiebenbrunn.

Daneben spielte freilich auch die Geflügelhaltung eine Rolle. Hauptsächlich waren es Hühner, die vorrangig ihrer Eier wegen gehalten wurden, mitunter auch wenige Truthühner. Vor allem ältere Tiere und junge „Hahnln" landeten als Festtagsbraten oft paniert auf dem Tisch oder endeten im Suppentopf.

Auch Gänse – es gab sogar für das Marchfeld die Bezeichnung

„Ganserfeld" – und Enten waren keine Seltenheit. Analog zum Sauabstechen wurde auch das Blut der Gänse verarbeitet. So wird aus
Großkrut ein Rezept dazu überliefert. Das Blut der Gänse wurde
aufgefangen und ständig gerührt, damit es nicht stockte. Währenddessen wurden Zwiebeln in Schmalz angedünstet, wozu geschnittene Erdäpfel kamen. Über das Ganze wurde dann das Gänseblut geschüttet und alles in einem Reindl, in dem es auch serviert
wurde, am Ofen fertig gegart. Und schließlich erinnern auch im
Weinviertel noch die wenigen erhaltenen Taubenkobel an die Taubenzucht. Tauben wurden damals nicht als Brieftauben gehalten,
sie waren eher eine Art von „Frischfleischreserve". Vornehmlich
wurden übrigens die zarten jungen Tauben verspeist, noch bevor
sie flügge wurden. Die Zubereitung der Tauben umfasste dabei ein
Spektrum, das von der Taubensuppe über Taubengulasch – vor
allem bei diesen beiden Zubereitungsmethoden sollte genau darauf
geachtet werden, dass die Vögel gut gerupft sind – bis zu den klassischen gebratenen Tauben reichte. In der Donaugegend wurden
vor allem im Winter Enten und Wildgänse erlegt, die einen guten
Braten abgaben, jedoch nur, solange es sich um junge Tiere handelte
– ältere Tiere haben einen reichlich tranigen Geschmack.
Außerdem gab es im Weinviertel Haushasen bzw. Kaninchenhaltung und gelegentlich Imkerei.
Gemeinhin wesentlich weniger Einfluss auf die Ernährung hatte
die Jagd, war sie doch bis weit ins 19. Jahrhundert ein adliges Vorrecht gewesen. Unter den Jagden der Adligen, vor allem vor den
Reformen Josephs II., hatte die Bevölkerung einiges zu erdulden
– nicht nur aufgrund der Wildschäden, auch in der Nutzung der
Ressourcen des Waldes waren die Menschen deshalb eingeschränkt. Für die Bevölkerung war die kaiserliche Jagd im Hochleithenwald mit einigen Verboten verbunden. So war im Sommer
das Ausheben von Wolfsgruben, das Holzklauben und das Sammeln von Schwämmen/Pilzen untersagt.
Als besonders prunkvoll wird uns etwa eine kaiserliche Jagd im
August 1725 in Wolkersdorf geschildert: Neben Kaiser Karl VI.
und seiner Familie kamen auch zahlreiche Vertreter des Hoch

adels. Für die hohen Damen und Herren musste die Straße zwischen Stammersdorf und Wolkersdorf von den Bauern hergerichtet werden. Im damaligen Markt Wolkersdorf wurden die Häuser, Türen und Tore frisch gestrichen, die Straßen mussten gereinigt und das Schloss auf Hochglanz gebracht werden. Ein großer Triumphbogen wurde errichtet, auch im Wald mussten verschiedenste Vorbereitungen getroffen werden, etwa für den Platz, an dem das kaiserliche Zelt stehen sollte. „Feierlich wurde der Einzug der Jagdgesellschaft vom Läuten der Glocken, von Böllerschüssen und Jagdmusik begleitet, und die Bevölkerung von Wolkersdorf, aber auch aus mehreren umliegenden Orten bildete ein Spalier für den Einzug des in barocker Pracht erstrahlenden Zu-

ges. Bei der eigentlichen Jagd, die mehr einem gezielten Abschlachten der in Netzen zuvor zusammengetriebenen Tiere gleichkam, wurde meist nur vom Kaiser, manchmal auch von einem Mitglied seiner Familie geschossen. Der Adel, der streng nach Rängen, dem Hofzeremoniell entsprechend, geordnet saß, hatte hauptsächlich die Aufgabe, den kaiserlichen Schießkünsten Respekt zu zollen und diese zu beklatschen, während die Tiere versuchten, aus den umnetzten Gattern zu entkommen. Am 30. August 1725 waren es alleine 109 Hirsche, das restliche Jagdwild gar nicht mitgerechnet, die dem geplanten kaiserlichen ‚Jagdmassaker' zum Opfer fielen. Kaiser Karl VI. benannte den Schauplatz der Jagd, die Prun-Wiese im Hochleithenwald, deshalb übrigens in ‚Tausendt-Wüldbräth-Wüse' um. Auch die Wolkersdorfer Bevölkerung hatte unter den kaiserlichen

Jagden zu leiden, wurden doch die entstandenen Wildschäden nicht bzw. erst seit den Tagen Kaiser Josephs II. vergütet."

Fisch als Speise spielte naturgemäß im wasserarmen Weinviertel nur eine untergeordnete Rolle, ausgenommen die Gegenden an Donau, March und Thaya. Meist wurden die Fische nur mehliert und dann gebraten. Aus Mannsdorf in der Nähe von Orth an der Donau stammt ein Rezept für das Haltbarmachen der Reste der Fischmahlzeiten. Heute kennen wir ähnliches aus der italienischen bzw. mediterranen Küche: Die Reste der gebratenen Fische wurden hier mit Essig, Wasser, Zucker, Salz, Zwiebeln und Kräutern, vor allem Majoran, eingelegt und so haltbar gemacht.

Wenn, wurde Fisch vor allem in den Fastenzeiten und an den Fasttagen gegessen, während derer wesentlich rigidere kirchliche Speisevorschriften galten als heute. Etwas abgeschwächt haben sich die kirchlichen Fastengebote erst im Jahr 1491 durch die Zulassung von Speisen, die Butter und Milch enthielten. Eier wurden erst noch später erlaubt. Wie überall nördlich der Alpen war auch in unseren Breiten besonders das Verbot von tierischen Fetten ein Problem, war doch Olivenöl nur schwer zugänglich und andere pflanzliche Ersatzstoffe wie etwa Leinsamenöl auch nicht so leicht und vor allem billig zu erhalten.

Neben „Mehlspeisen", worunter früher verschiedenste Getreidebreie fielen und nicht Süßspeisen wie in unserem heutigen Verständnis, waren es Gemüse und eben Fisch, der erlaubt war, sich jedoch erst im Laufe des 20. Jahrhunderts auch im Weinviertel als Fastenspeise durchsetzte.

Im Mittelalter wurden zwar auch im Weinviertel Fischteiche durch Klöster angelegt, so z. B. auch westlich von Riedenthal in Richtung Unterolberndorf durch die Zisterzienser, den Speiseplan der umwohnenden Bevölkerung berührte das aber kaum. Immerhin gibt es aber Berichte, denen zufolge in Teichen bei Pirawarth Hechte gezogen wurden, die man nach Wien verkaufte.

Anfang der 1920er-Jahre wurde dann versucht, in den Teichen im Schlosspark von Obersiebenbrunn Karpfen zu züchten, doch blieben diese Versuche eher die Ausnahme.

Wein

Prägend für die Weinviertler Landschaft ist natürlich der Wein, über den es eine mehr als reichhaltige Literatur gibt, die hier nur kurz gestreift werden soll. Freilich wurde Wein auch zum Kochen und Backen verwendet, doch eher selten. Ein gutes Beispiel dafür sind die Pofesen, die zur Verwertung der Reste des selten gegessenen Weißgebäcks dienten. Dazu wurden altbackene Semmeln geschnitten und kurz durch gezuckerten Haustrunk, einen leichteren Wein für den Hausgebrauch, im Gegensatz zum „Guiden" für festliche Anlässe, gezogen, anschließend in einen Palatschinkenteig (Tropfteig) getaucht, herausgebacken und mit Marmelade bestrichen.

Auch wenn das Weinviertel nicht auf eine derartig prominente frühe Quellenerwähnung seines Weinbaus wie die Wachau durch die Vita Sancti Severini des Eugypius, der bedeutendsten Quelle zur Spätantike an der Donau, verweisen kann, so gibt es doch auch recht frühe Urkunden, die den Weinbau in fast direkter Nachbarschaft zu Manfred Buchingers „Alter Schule" belegen. So stammt ein urkundlicher Beleg für den Weinanbau aus dem benachbarten Ulrichskirchen bereits aus dem Jahre 1180. Einen früheren Beleg gibt es für das nur wenige Kilometer entfernte Pillichsdorf, und zwar bereits vom 20. März 1161. Noch ältere Erwähnungen des Weinbaus im östlichen Weinviertel stammen nur aus Großschweinbarth (1135/40), Erdberg (1150), Bisamberg (um 1150) und vielleicht Königsbrunn (1156/77), im Westen des Weinviertels gehen sie sogar bis in das 11. Jahrhundert zurück. Und selbst die ältesten Traubenfunde Österreichs, die gleichzeitig einen der ältesten Nachweise von Kulturreben ganz Mitteleuropas darstellen, stammen aus dem Weinviertel, nämlich aus Stillfried an der March (aus der Zeit um 800 v. Chr.).

Immerhin handelt es sich ja laut dem Banner vor der „Alten Schule" bei Riedenthal um den „Ursprungsort aller Weinstraßen dieser Welt". Und zur Behauptung, dass Manfred Buchingers Gasthaus „Zur Alten Schule" der Beginn aller Weinstraßen der Welt sein soll, nur so viel: Wer kann denn schon das Gegenteil beweisen?

Nicht immer galt der Weinviertler Wein als der beste, wie verschiedene Einteilungen belegen. 1452 wurden die Weinviertler Weine

Ich habe Pfeffer.
Mein Wein auch.

Weinviertel DAC
Österreichs „pfeffrigster" Veltliner

Wer Grünen Veltliner schätzt, wird Weinviertel DAC lieben. Durch den typischen, würzig-fruchtigen Geschmack ist dieser trockene Weißwein ein hervorragender Begleiter feiner Speisen und passt ideal zur modernen, leichten Küche. Lassen Sie sich von Weinviertel DAC verführen und von seinem berühmten „Pfefferl" begeistern: Die charakteristische Geschmacksnote von weißem Pfeffer bereitet Weinliebhabern einen ganz besonderen Genuss.

Genuss hat ein Zuhause.

Auf einen Weinviertel DAC können Sie sich bei der Auswahl Ihres Grünen Veltliners verlassen: Bis hin zum typischen „Pfefferl" wird dieser besondere Tropfen von unabhängigen Experten nach strengsten Kriterien kontrolliert. Diese umfassende Herkunfts-Sicherheit ist Ihre Garantie für höchste Qualität aus Österreichs größtem Weinbaugebiet. Genießen Sie „Ihr Weinviertel"!

Weinviertel Districtus Austriae Controllatus ist Ihre Garantie für Herkunftskontrolle auf höchstem Niveau. Nähere Informationen: www.weinvierteldac.at.

Genießen Sie Weinviertel DAC mit Verantwortung.

ÖSTERREICH WEIN

nach der Ordnung der Landrechte des Herzogtums Österreich als „Letzte(r)" erwähnt. Im Weinbuch des Johann Rasch von 1582 bzw. 1584 werden sie unter den fünf Klassen, in die die Weinbauorte eingeteilt wurden, in der vorletzten geführt. In den nachfolgenden Jahrhunderten begann sich aber der Ruf der Weinviertler Weine durchaus zu bessern. Besonders der „Brünnerstraßler", also der Wein, der im Einzugsgebiet der Poststraße von Stammersdorf über Wolkersdorf, Poysdorf und Drasenhofen nach Brünn angebaut wurde, stand im Ruf, besonders säuerlich zu sein. Dieser kam aber vermutlich erst durch den zunehmenden Anbau von, zumindest jahrgangsweise, sehr saurem Welschriesling in der Umgebung von Poysdorf seit den 1920er-Jahren auf, auch wenn die „Erstnennung" des „krampensauren Brünnerstraßlers" Kaiser Joseph II. angedichtet wird, wobei selbst die Bezeichnung „Brünnerstraßler" nicht vor der zweiten Hälfte des 19. Jahrhunderts aufkam.

Wenn also in der Sage über Napoleon in Schrick berichtet wird, dass er nach dem Genuss des dortigen Rebensaftes den Ausspruch getätigt haben soll: „Lieber noch einmal die Schlacht bei Deutsch-Wagram schlagen als noch einmal den Schricker Wein trinken", dann hat dies wohl weiterreichende Hintergründe. Die französische Soldateska hatte ja in vielen Orten des Weinviertels geplündert und gebrandschatzt, und wie etwa aus Obersdorf berichtet wird, hatte sie es dabei unter anderem auf die Weinvorräte abgesehen, die für die bäuerliche Bevölkerung eine Haupteinnahmequelle bildeten. In der Sage versteckt sich also eine Erinnerung daran, dass den marodierenden Soldaten anscheinend nur der schlechteste Wein vorgesetzt wurde, um sie von den besseren Tropfen fernzuhalten.

Am besten lässt sich der Stellenwert des Rebensaftes aber an den so zahlreichen Ausdrücken, die die Mundart für übermäßigen Weinkonsum hervorgebracht hat, festmachen. Im Jahr 1914 wurden folgende Begriffe dafür alleine im Marchfeld aufgezeichnet: „Aff, Blasl, Dampas, Dunst, Duriduri, Dusl, Fahn, Haarbeutl, Habemus, Käfer, Sabl, Schweigl, Schwips, Schwomma, Stich und Straß".

Von Sommerfrischlern und Zuckerbäckern

Einiges veränderte sich im letzten Drittel des 19. Jahrhunderts im Weinviertel auch kulinarisch, denn seit etwa 1870 hielten im Zusammenhang mit der Eröffnung der Eisenbahnlinie von Stadlau nach Laa an der Thaya die Sommerfrischler ihren Einzug, wenn auch mit einiger Verspätung gegenüber den klassischen Sommerfrische-Gegenden wie dem Semmering oder dem Salzkammergut. Besonders die Orte im Kreuttal und Wolkersdorf als nächstgelegener Marktort profitierten davon, und es begann sich eine neue Infrastruktur zu entwickeln, die auch ihre Auswirkungen auf dem kulinarischen Sektor zeitigte, vor allem was die Konditoreien anbelangt, die die Bedürfnisse der Wiener Gesellschaft befriedigten. Selbst in kleinen Orten, die Sommerfrischegäste beherbergten, entstanden nun solche Betriebe neben den Einkehrgasthöfen. So brachte es auch der Schleinbacher Konditor Albert Gottwald zu einiger Bekanntheit, aus dessen „Conditorei-Buch" aus dem Jahr 1852 hier Rezepte Eingang fanden.

Bei der Verbreitung des Berufsstandes der Zuckerbäcker kam freilich wiederum die Rolle Wiens als Residenzstadt auch im angrenzenden Weinviertel zum Tragen. In Wien boten sich nämlich mit dem Hof und den wohlhabenden Bürgern die besten Bedingungen für das Zuckerbäckergewerbe, sich auszubreiten und zu solch großer Perfektion zu gelangen, dass aus den verschiedensten Materialien wie Zucker, Marzipan, Kuchenteig etc. ganze Landschaften geformt wurden. Als Beispiel für solche Perfektion sei ein Geschenk des Salztransportunternehmers Salomon Bär an den Kaiserhof von 1721 erwähnt. Dabei handelte es sich nämlich um eine Miniaturdarstellung der Mündungsgegend der March (in die Donau) samt mit Salzfässchen beladenen Schiffen, die den Fluss befuhren. Getragen wurde das Kunstwerk von einem Bären – und das alles war aus Zucker hergestellt worden.

Die Tradition der geschickten „Land-Zuckerbäcker" ist noch bis in die 1980er-Jahre lebendig gewesen. 1957 eröffnete in Wolkersdorf der Zuckerbäcker Franz Weiß seinen Meisterbetrieb. Neben dem damals noch üblichen Zuckerlkochen gehörten zu seinen Produkten unter anderem die für Ostösterreich typischen Mohn- und Nussstrudel, Pressburger Beugel, die Dobostorte und der Biskuitgugelhupf sowie exzellente Biskotten.

Wie erwähnt, richtete sich das Essen im Jahreslauf nach den kirchlichen bzw. brauchtümlichen Anlässen, und da konnten auch die Zuckerbäcker ihr Können beweisen. Einer ihrer Werkstoffe, nämlich die Schokolade, eignete sich ob ihrer leichten Modellierbarkeit hervorragend dazu, verschiedene Figuren, die im Jahresbrauchtum eine Rolle spielen, wiederzugeben. Sei es zu Neujahr der Rauchfangkehrer, das Hufeisen oder das Glücksschwein, in der Osterzeit das Osterlamm oder der Osterhase, im Dezember Nikolaus und Krampus, Christkind, Englein etc.

Die verhältnismäßig aufwändige Erzeugung dieser Schokoladefiguren durch Zuckerbäcker nahm, freilich auch bedingt durch die wesentlich kostengünstigere industrielle Produktion, immer weiter ab. Einer der letzten Zuckerbäcker, der dies noch Anfang der achtziger Jahre des vorigen Jahrhunderts von Hand tat, war der bereits erwähnte Meister Franz Weiß. Er konnte dies auch deshalb machen, weil er sich Jahre davor mit genügend Stanniolverpackungen für die Figuren von Krampus und Nikolaus etc. eingedeckt hatte, die in den verhältnismäßig kleinen Mengen, die ein Weinviertler Konditor benötigte, damals nicht mehr zu haben waren.

Die illustre Runde der Zuzügler und Sommerfrischler stieg vornehmlich in kleinen Villen im Wolkersdorfer Bahnhofsbereich ab – dieses Viertel nannte man deshalb Klavier-Viertel, weil in den Villen häufig ein Klavier stand, mit dem man die Jünglinge und Mädels zum Klavierspiel zwang. Zu den Sommerfrischlern in Wolkersdorf und Umgebung, die sich auch oft in den neuen Cafés bzw. Konditoreien aufhielten, gehörte neben dem Dichter Ludwig Anzengruber oder dem Bildhauer Franz Zelezny auch der Komponist Julius Bittner. Letzterer war nicht ganz freiwillig im Wein-

viertel gelandet, sondern als Richter an das Bezirksgericht Wolkersdorf versetzt worden und als Liebhaber der Berge eigentlich der
flachen Weinviertler Landschaft gar nicht zugetan.

Dass Bittner trotzdem hier Erwähnung findet, ist aber weder seinem musikalischen Schaffen noch seiner mehrjährigen juristi-
schen „Karriere" in Wolkersdorf geschuldet, sondern weil nach ihm
ein Gericht benannt wurde, nämlich der „Karfiol Julius Bittner",
dem die „Ehre" zukommt, diesen Abschnitt des Buches zu beenden.
An der Zusammensetzung, die für heutige Gaumen etwas seltsam
anmuten mag, erkennt man bereits die Wiener Küche. Auch wenn
es sich dabei um kein wirkliches Weinviertler Gericht handelt, fand
es Eingang ins Buch, steht es doch für die „Sommerfrische-Gesell-
schaft". Immerhin hat Bittner als einziger Weinviertler Typen, die
er im Wirtshaus kennenlernte, in seiner Oper „der Musikant" verewigt, auch wenn er diese aufgrund seiner – für den Autor unver-
ständlichen – Abneigung gegen die flache Landschaft in einen anderen geografischen Rahmen verlegte. Das Gericht jedenfalls, das
im Rezeptteil noch genauer ausgeführt wird (siehe S. 137), besteht
aus Karfiol, der mit einer Mischung aus Kalbshirn, Rohschinken
und Sardellen mit Bechamelsauce und Käse überbacken wird.

SCHMALZBROT

zum G'spritzten ...
„A G'spritzter is ana, der des ois was, wos kana brauchen kon!"

Früher war es ja so: Wer in die Schule „nur" ein Schmalzbrot mitbekommen hat, der hat sehnsüchtig auf die Wurstbrote oder gar Semmeln der Mitschüler geschaut. Meine Mutter entdeckte in den endfünfziger Jahren die „RAMA"-Margarine, ach wie gesund, Gott sei Dank konnte ich mit neugierigen Bauernbuben ihre ihnen langweilig gewordenen Butterbrote eintauschen. Heute ist Schmalz fast zur Rarität geworden – und wir haben die Chance zu erkennen, dass es etwas sehr Feines sein kann ... man muss und soll davon natürlich keine Massen essen.

gutes schwarzes Bauernbrot
Schmalz von Freilandschweinen,
am besten von Mangalitza-Schweinen (die haben den schönsten weißen Speck ...),
auch von Schwäbisch-Hällischen Landschweinen (bei Weinviertler Bauern
oder Fleischhauern kaufen ...)
Salz, Pfeffer
Paprika
grober Senf

Zutaten aufschlagen wie Butter, luftig, dann etwas Sweet-Chilisauce
und ein bisserl Sambal Oelek, eventuell nachsalzen. Das gab es einst auch einmal
im Wirtshaus „zum depparten Hirschen".

Wer selbst Schmalz auslassen will, braucht viel Zeit und Geduld und eine Umgebung,
für die der Geruch nach zerlassenem Fett auch über Stunden kein Problem ist:
Speck in kleine Würfel schneiden. Großen schweren Topf mit fingerhoch Wasser
füllen, Fett dazugeben. Auf kleiner Flamme rühren. Wenn die Würfel Fett lassen und
langsam zu goldgelben Grammeln werden, Vorsicht: Das Fett darf nicht zu heiß
werden! Daher immer wieder zwischendurch vom Feuer nehmen. Grammeln
abseihen, in der Grammelpresse pressen (gibt es noch immer auf Flohmärkten),
auf ein Blech legen, eventuell mit Küchenrolle, salzen. Fett auskühlen lassen,
abfüllen und kühl stellen.

MIT WILDSCHWEIN GEFÜLLTE BLAUE ERDÄPFELKNÖDEL AUF ROTKRAUTSALAT

500 g blaue Erdäpfel
(waren in den 20er-Jahren des vorigen Jahrhunderts so richtig modern, und
nun kommen sie wieder), Sorte „Violetta" vom Bio-Erdäpfelhof Schramm
100 g Weizengrieß
100 g griffiges Mehl
50–70 g Kartoffelstärke, Maizena geht auch
4 Eidotter
Salz
Muskatnuss, frisch gerieben
evtl. 1 EL Schmalz
zum schmeckend Überglänzen nach dem Kochen

Die gekochten, geschälten Erdäpfel noch heiß durchdrücken (Kartoffelpresse) und mit den Zutaten zügig vermischen, ein gefülltes Probeknöderl formen, in Salzwasser kochen, bis es aufsteigt, dann noch fünf Minuten ziehen lassen, falls es leicht zerfällt, mit der Stärke dem Teig bindend nachhelfen!

Für die Fülle:
Restlverwertung, z. B. übrig gebliebenes Wildschweinragout, Kalbsgulyas etc. aufkochen, einreduzieren, Saft abseihen (verwenden wir später zum Gericht dazu), das Fleisch ein bisserl hacken, evtl. etwas frisch geschnittene Jungzwiebeln daruntermischen, überkühlen lassen und in die Knöderl füllen.
Technische Tricks dazu: Ist die Fülle noch zu nass, dann ein bisserl mit Semmelbröseln binden. Fülle mit kleinem Eisportionierer vorbereiten, kurz frieren (auch die ungekochten Knöderl lassen sich sehr gut vorbereiten und frieren). Den Teig nicht herumstehen lassen, er verändert sich sehr rasch und zerfällt dann.
Geht mit Faschiertem, Ziege, Hirsch, Hase, Wurst, Blunzn, Grammeln etc. auch sehr gut.

Für den Rotkrautsalat:
500 g Rotkraut hauchdünn hobeln, leicht salzen und drücken, kneten, bis es Saft lässt, den Saft und ¼ l Orangensaft, gewürzt mit Zucker, etwas Salz, gemahlenem Piment, Rotweinessig und Öl aufkochen, über das Rotkraut leeren, andrücken, ziehen lassen.

KARFIOL „JULIUS BITTNER"

Julius Bittner schrieb in Wolkersdorf eine nicht ganz so bedeutende Oper (nicht so bedeutend wie Wolkersdorf selbst). Er „verarschte" darin sozusagen das dort ansässige Bürgertum, das er jedoch zur Premiere nach Wien einlud. Was dann geschah, darüber schweigt die Chronik, vorher aber widmete ihm die Wirtin dieses Rezept.

1 Karfiol
(für unsere westlichen Nachbarn: Blumenkohl)
Salz
200 g Rohschinken, fein geschnitten
4 eingelegte Sardellenfilets
1 Kalbshirn, geputzt und enthäutet
(wie beim Kalbskopf beschrieben, siehe S. 75), in Scheiben geschnitten,
in Mehl getaucht, in Butter gebraten, gesalzen, kommt als Garnitur zum Karfiol
Schnittlauch, fein geschnitten
Muskatnuss, frisch gerieben

Für die Sauce:
½ Zwiebel, fein geschnitten
40 g Butter
1 EL Mehl
200 ml Milch
Salz
Muskatnuss, frisch gerieben

Karfiol vierteln und in Salzwasser weich kochen. Auf warme Teller legen, mit Schinken und Sardellenfilets garnieren, mit der Sauce begießen und Hirn umlegen. Mit Schnittlauch und Muskatnuss bestreut servieren.
Für die Sauce fein geschnittenen Zwiebel in Butter glasig rösten, mit dem Mehl stauben, mit Milch aufgießen und gut rühren. Ca. 15 Minuten verkochen lassen, danach mit Salz und viel frisch geriebener Muskatnuss würzen, stabmixen.

BLUNZNSUPPE

Früher wurde die Blunznsuppe aus dem gemacht, was nach dem Kochen der frischen Würste übrig war: Immer wieder ist eine der Blunzn aufgeplatzt (ist keine geplatzt, hat man nachgeholfen), und zum Schluss gab es dann eben eine Blunznsuppe als Belohnung für die Arbeit, mit Schwarzbrot dazu. Die Helfer durften sich danach die restliche Suppe in der Milchkanne (Riess-Email, denn der heute ständige Begleiter Plastikkübel war noch nicht erfunden) mit nach Hause nehmen.

1 l Wasser
2 EL Gemüsewürze
400 g Blunzn ohne Haut,
möglichst vom Bauern und auf keinen Fall solche, die zum Grillen geeignet sind
Salz, schwarzer Pfeffer aus der Mühle
Schwarzbrot
Kren

Wasser mit Gemüsewürze zum Kochen bringen (man kann natürlich auch klare Suppe nehmen), Blunzn von der Haut befreien, einlegen, immer wieder gut rühren, bis sich das Brät in der Flüssigkeit gut verteilt hat. Zehn Minuten auf kleiner Flamme kochen.
Bei Bedarf mit Salz und Pfeffer nachwürzen. Mit dem Stabmixer mixen, in heißen Tellern anrichten. Mit in der Pfanne angebratenem Schwarzbrot, frisch darübergemahlenem schwarzen Pfeffer und Kren servieren.

ENTENKUTTELN

Gibt's die, oder hat die der Buchinger erfunden?
Denn das Leben ist schön, und den Seinen gibt's der Herr im Schlaf.

400 g Entenmägen
(roh, in feine Scheiben geschnitten, ergibt einen Biss und eine Konsistenz
wie eben Kutteln, Herzen dürfen auch dabei sein)
40 ml Rapsöl
1 große Zwiebel, fein geschnitten
150 g Petersilienwurzel, in Würferl geschnitten
4 Zweige Majoran
3 Knoblauchzehen, fein geschnitten
1 EL Weizengrieß
¼ l Grüner Veltliner
1 EL Gemüsewürze
150 g gekochte weiße Bohnen und/oder gelbe Linsen
Salz, Pfeffer
(wer es scharf mag, kann auch eine Chilischote dazugeben)
1 Bd. Schnittlauch, geschnitten
frittierte Petersilienwurzel als Garnitur

Die Entenmägen im Rapsöl anrösten, danach Zwiebel, Petersilienwurzel-Würferl,
Majoran und Knoblauch mitrösten, mit Grieß stauben, mit Wein ablöschen,
mit einem halben Liter Wasser (Gemüsefond) ergänzen.
Ca. 40 Minuten köcheln lassen, Bohnen und Linsen dazugeben und noch
einmal aufkochen. Mit Salz und Pfeffer abschmecken, wer es mag,
etwas scharfen Garten-Pfefferoni dazuschneiden. In heißen Tellern anrichten,
mit Schnittlauch garnieren.
Dazu passen sehr gut frittierte Petersilienwurzeln und gebratene Erdäpfelscheiben.

KUTTEL „FLECK"
MIT WURZELGEMÜSE UND THYMIAN

500 g Kutteln, gewaschen und geputzt
Salz
1 TL Gemüsewürze
1 Msp. Natron
1 große Zwiebel
40 g Butter
100 g Karotten
100 g gelbe Rüben
100 g Sellerie
4 Knoblauchzehen
8 Thymianzweige
¼ l Grüner Veltliner

Kutteln in große Stücke („Fleckn") schneiden und offen sprudelnd in viel Salzwasser
kurz blanchieren, abgießen, mit frischem Wasser zustellen, salzen, mit Gemüsewürze
und Natron weich kochen. Abseihen und mit kaltem Wasser gut abspülen.
Zwiebel grob schneiden und in Butter mit geschältem und in grobe Würfel
geschnittenem Wurzelgemüse rösten, zum Schluss zerdrückte Knoblauchzehen und
die Hälfte der Thymianzweige dazugeben. Kurz weiterrösten, mit Veltliner ablöschen.
Mit Kuttelfond (wer es nicht so kräftig mag, nimmt Wasser) fingerbreit bedecken,
auf kleiner Flamme weich kochen. Thymianzweige entfernen, mixen. Kutteln wieder
einlegen, durchrühren, zehn Minuten auf kleiner Hitze kochen lassen.
Kutteln auf heißen Suppentellern anrichten, mit Thymian bestreuen.
Mit Braterdäpfeln oder Weißbrot servieren.

TAUBENSUPPE

1 l Wasser
2 EL Gemüsewürze
10 Pfefferkörner
2 Karotten
2 gelbe Rüben
¼ Knolle Sellerie
4 Tauben
4 Zweige Thymian
(Kuttelkraut gegen „Frühjahrsmüdigkeit")
4 Salbeiblätter
(auch gut gegen Halsweh)

Wasser mit Gemüsewürze und Pfefferkörner zum Kochen bringen.
Gemüse schälen und gemeinsam mit den Tauben einlegen.
Gemüse nach 20 Minuten zur Seite geben, Tauben auf kleiner Flamme weich kochen.
Das dauert ca. 40 Minuten. Suppe abseihen und mit den Kräutern aufkochen.
Wurzelgemüse in dekorative Stücke schneiden und einlegen. Tauben halbieren
und einlegen. In heißen Tellern servieren.

Als Einlage Suppennudeln oder Liebstöckel-Frittaten (statt Petersilie
gehacktes frisches „Maggikraut" untermischen, das erhöht den Glauben
an sich selbst – alte Weinviertler Weisheit).

TAUBE IN PAPRIKA

Taubenkobel (-häuser) in den verschiedensten Formen fand man früher fast auf jedem Bauernhof (Museumsdorf Niedersulz im Weinviertel), die Tauben pickten den ganzen Tag irgendwo verschüttetes Getreide etc. zusammen, verschissen die Dächer und trieben sich im Dorf, auch auf dem Kirchturm, herum (mit der Steinschleuder durften wir sie dort laut dem Herrn Pfarrer jagen, Beute wurde geteilt). Im Frühling, bevor sie flügge wurden, hat man ein paar von ihnen die Hälse umgedreht, und sie wurden gebraten oder in Majoran oder Paprikasauce gedünstet. Falls wer am Hof krank war oder der Opa schwächelte, ging Vater hinaus, schoss ein bis zwei vom Dach, daraus wurde eine kräftigende Suppe mit Kuttelkraut gekocht, ein paar Nudeln hinein, und ein paar Tage später lief der „Ahnl" schon wieder putzmunter herum, fertig für den Ernte-Einsatz ...

1 l Wasser

2 EL Gemüsewürze

2 Zweige Thymian

10 Pfefferkörner

4 Tauben

60 g Butter

1 Schuss Rapsöl

2 rote Paprika

1 große Zwiebel

2 Knoblauchzehen

1 EL gemahlenes Kotanyi-Paprikapulver, mild oder scharf

1 EL Mehl

⅛ l Grüner Veltliner

Salz

Wasser mit Gemüsewürze, Thymian und Pfefferkörnern zum Kochen bringen. Die Tauben am Rücken durchschneiden, platt drücken (plattieren) und im Butter-Öl-Gemisch beidseitig kräftig anbraten, herausnehmen und warm stellen. Paprika halbieren und entkernen, auf der Hautseite ohne Fett in einer beschichteten Pfanne scharf anbraten, die Haut darf ruhig schwarz werden. Haut abziehen, Paprika in Stücke schneiden, zur Seite stellen. Fein geschnittene Zwiebel und Knoblauch im Bratenrückstand der Tauben rösten, Paprikapulver und Mehl dazugeben, durchrühren, dann sofort mit Wein ablöschen (sonst wird der Paprika bitter). Tauben einlegen, mit dem Gemüsefond auffüllen, bedecken, Zutaten langsam weich dünsten, danach die Tauben anrichten, die Sauce salzen und mit dem Stabmixer pürieren, abschmecken. Als Dekoration Mini-Paprika oder Paprikastücke in der Pfanne braten. Mit gekochten Bandnudeln oder „Wasserspatzen" (Nockerln aus einem dicken Mehl-Wasser-Teig, 1 Prise Salz und Muskat in Salzwasser gegart, danach in Schmalz geschwenkt!) servieren.

SCHNECKEN IM ERDÄPFELHÄUSCHEN

Weinbergschnecken wurden nach dem Krieg in Österreich gesammelt und vorgekocht nach Frankreich exportiert, bis man sie Anfang der 60er-Jahre vor dem Aussterben schützen musste. Als junger Koch wollte ich es genau wissen und habe in einem nassen Sommer rund 500 Stück gesammelt, wollte ja ein größeres Rezept schreiben und vielleicht so nebenbei reich werden, ich glaube, „Morning has broken" war gerade als Song in Mode, und Schneckenkochen dauerte genau so lang, die Conclusio: Der „Kelomat" kann es schneller ... und rosa Essen war ja noch nicht so en vogue, in Frankreich tobte küchentechnisch schon ein später ganz großer Paul Bocuse, und George Pralus begann mit der Cuisine souvide zu spielen, Niedertemperatur-Kochen gehörte noch den Amerikanern allein, ich hatte gerade am Schiff der MS Sun Viking Übernachtbraten von Roast-Steamship-Round gelernt (eine Rinderkeule im Ganzen, „geil!" würde es heute aus meinem Jungkoch herausplatzen, während wir gerade ein Zwei-Kilo-Rindskotelett in die Pfanne hauen ...)

40 g Butter
1 EL fein geschnittene (Brunoise) Karottenwürferl
1 EL fein geschnittene (Brunoise) Selleriewürferl
1 EL fein geschnittene Zwiebel
1 TL fein geschnittener Knoblauch
1 EL Mehl, 100 ml Obers
Salz, Pfeffer aus der Mühle
24 Schnecken, im Glasl eingelegt (zum Beispiel aus Laa an der Thaya)
4 Erdäpfel, gekocht
2 EL Brösel

Butter zergehen lassen, Gemüsewürfel in der Butter anschwitzen. Mit Mehl stauben, mit Obers aufgießen, würzen und zehn Minuten verkochen lassen. Danach die Schnecken kurz mitkochen. Erdäpfel halbieren, aushöhlen, im Ofen wärmen. Jeweils zwei Erdäpfel auf einem Teller anrichten, mit der Schneckenmasse füllen. Mit Schneckenbutter belegen, mit Brösel bestäuben. Unter dem Grill knusprig überbacken. Die Erdäpfel ersetzen das Brot und das lästige Häuschenfüllen ... alles, was auf den Teller kommt, kann man essen – wie früher!

Für die Schneckenbutter:

100 g weiche Butter mit 1 EL Sardellenpasta, 1 EL fein geschnittener Petersilie, 1 EL Fenchelgrün, 1 EL fein geschnittenem Schnittlauch, 2 zerdrückten Knoblauchzehen, 1 TL fein geschnittenem Maggikraut (Liebstöckel), 1 TL Dijonsenf, 1 Prise Thymian und 1 Prise Majoran und Salz mischen. Mit Pfeffer und einem kräftigen Schuss Pernod abschmecken, die Butter auf Klarsichtfolie in Stangenform zusammenrollen und kühlen, in Scheiben geschnitten verwenden.

WEINVIERTLER GUPF MIT HOLLERKOCH

⅛ l Obers, 1 Ei
1 Pkg. Bourbon-Vanillezucker
½ Weinviertler Gupf
(Sie bekommen ihn beim Anger-Bäcker in Schleinbach im Weinviertel, ersatzweise kann
man 300 g Panettone, möglichst ohne kandierte Fruchtstückchen im Inneren, nehmen),
die andere Hälfte wird am nächsten Morgen zum Kaffee gereicht!
20 g Butter, 10 ml Rapsöl
Zucker zum Bestreuen, evtl. Zimt
4 Minzeblätter
evtl. Eis

Obers, Ei und Vanillezucker mixen. Gupf in vier Spalten schneiden, in die Obers-Ei-
Masse tauchen, vier Minuten einweichen. Butter und Öl in einer beschichteten
Pfanne erhitzen, Gupfspalten mit einem großen Löffel einlegen, mit der restlichen
Flüssigkeit begießen. Langsam auf allen Seiten knusprig backen.

Für den Hollerkoch:
200 g Zwetschken
1 Birne, 1 Apfel
100 ml Weißwein
600 g abgezupfte reife Hollerbeeren
(wird heute mit Handschuhen gemacht, früher wusste man immer,
bei wem es Hollerkoch gab!)
100 g Kristallzucker, 1 Zimtstange
Gewürznelken nach Geschmack
2 EL Vanillepuddingpulver
Staubzucker zum Bestreuen

Zwetschken vierteln, Birne und Apfel in Würfel schneiden. Zusammen mit Wein,
Holler, Zucker, Zimt und einigen Nelken ca. zehn Minuten einkochen,
dann mit in Wein verrührtem Vanillepuddingpulver binden und kurz auf kleiner
Flamme durchkochen. Früher wurde das Hollerkoch mit Mehl gebunden, ist mir
persönlich zu pappig, aber ein Versuch lohnt immer, über Geschmack und
Konsistenzen lässt sich bekanntlich gut streiten.
Weinviertler Gupf mit dem Hollerkoch und eventuell einer Kugel Eis anrichten.
Mit einem Minzeblatt vollendet servieren.

TOPFENTATSCHKERLN

*Im Weinviertel hat das Essen früher ja meistens sehr schnell gehen müssen.
Heute gehen zwar nur mehr die wenigsten nach dem Essen wieder aufs Feld oder in den
Stall, aber Zeit haben wir trotzdem auch nicht mehr. Und Großmütter, die sich um Teige
und Süßes kümmern, werden auch seltener. Daher ein ganz schnelles Rezept …*

*200 g Topfen mit 20 % Fett
(besser ist natürlich Bauerntopfen)
3 Eier
1 EL Staubzucker
1 Zitrone
1 Pkg. Topfenteig*

Topfen mit zwei Eiern, Staubzucker und der abgeriebenen Schale einer Zitrone
vermischen. Teig in Quadrate schneiden. In die Mitte etwas von der Fülle legen.
Die Ränder mit Eiklar bestreichen, zu einem Dreieck zusammenklappen,
die Teigenden nach oben rollen. Das restliche Eiklar mit dem Dotter vermischen,
die Topfentascherln bepinseln.
Tascherln im Kühlschrank kalt stellen, Backrohr auf 180° C vorheizen. Tascherl
auf eine Backmatte oder Backpapier legen. Knusprig goldbraun backen.
Zum Schlau-Kakao von SonnentoR.

GRAMMELTORTE

*Das Schwein war einst das Überlebensmittel, zusammen mit dem Erdapfel! Sogar süß
konnte man das Fett verwenden: den Bauchfilz (oder Schmer) für Schmerstrudel,
eine Art Blätterteig aus Schweindlfett. Das Schmalz zum Krapfenbacken und die
Grammeln für Pogatscherln, allerlei Gebäck und eben die Grammeltorte:*

ca. ½ kg Grammeln
100 g Staubzucker
etwas Vanilleschote, gemahlen
Zitronenschale
1 KL Zimt, gemahlen
6 Eidotter
griffiges Mehl
Ribisel- oder Preiselbeermarmelade, passiert

Grammeln grob faschieren, mit Staubzucker, etwas gemahlener Vanilleschote,
Zitronenschale, gemahlenem Zimt und Eidotter vermischen, so viel griffiges Mehl
dazumischen, bis ein leicht zu verarbeitender Mürbteig entsteht, echt einfach, kann
sogar ein Koch, würde ein Zuckerbäcker sagen. Kleine Förmchen wie bei einer
Linzertorte auslegen, je einen Löffel passierte Ribiselmarmelade oder
Preiselbeermarmelade draufgeben, Stangen formen und damit vollenden, vor dem
Backen kalt stellen. Im Backrohr bei 175° C ca. 25 Minuten backen. Echt fett, aber in
kleinen Mengen herrlich!

Amt der Niederösterreichischen Landesregierung, Abt. III/2-Kulturabteilung (Hg.), Jagd einst und jetzt (Katalog des Niederösterreichischen Landesmuseums, Neue Folge, Nr. 77), Wien 1978.

Amt der Niederösterreichischen Landesregierung , Abt. III/2-Kulturabteilung (Hg.), Gebäck an festlichen Tagen (Katalog des NÖ Landesmuseums, Neue Folge, Nr. 65), Wien 1975.

Karl Bauer, Das Dorf meiner Kindheit, Mistelbach o. J. (1982).

Franz Burger, Ein Kirtag auf dem Dorfe um die Jahrhundertwende, Wien o. J.

Ernst Burgstaller, Österreichisches Festtagsgebäck; Brot und Gebäck im Jahres- und Lebensbrauchtum, Linz 1983.

Cédric Dumont, Allegro con gusto; Rezepte und Geschichten von komponierenden Feinschmeckern, kochenden Kapellmeistern und verwöhnten Primadonnen, Bern ²1997.

Erwin Eminger, Zur Geschichte des Weinbaues von Matzen, Raggendorf und Kleinharras, Matzen/Raggendorf 2005.

Rudolf Fürnkranz, Landesfürstliche Stadt Laa an der Thaya 1800–2000; 200 Jahre Erfolgsgeschichte, Gösing 2009.

Wolfgang Galler, 100 Jahre KJ Pillichsdorf; Geschichte einer Weinviertler Dorfjugend im Spiegel des 20. Jahrhunderts, Pillichsdorf 2008.

Werner Galler, Kirtag in Niederösterreich (Wissenschaftliche Schriftenreihe Niederösterreich 67/68), St. Pölten/Wien 1984.

Werner Galler, Fasching in Niederösterreich (Katalog des NÖ Landesmuseums, Neue Folge Nr. 116), Wien 1982.

Werner Galler, Die Kunst der Zuckerbäcker (Katalog des NÖ Landesmuseums, Neue Folge Nr. 115), Wien 1981.

Werner Galler, Weihnachten in Niederösterreich (Wissenschaftliche Schriftenreihe Niederösterreich 29/30), St. Pölten/ Wien 1977.

Werner Galler, Ostern in Niederösterreich (Wissenschaftliche Schriftenreihe Niederösterreich 9), St. Pölten/Wien 1975.

Werner Galler (Hg.), Weinkultur im Weinviertel; Begleitheft zur gleichnamigen Ausstellung im Schloss Wolkersdorf im Weinviertel, Deutsch-Wagram 1984.

Sophie Gaß, Alte Rezepte von festtäglichen Mehlspeisen aus dem unteren und oberen Weinviertel (unveröffentlichtes Manuskript), o. O. o. J.

Heimatbuch des Verwaltungsbezirks Mistelbach Bd. II, Wien 1959.

Rudolf Hösch, Heimatbuch der Marktgemeinde Pillichsdorf, Pillichsdorf 1987.

Franz Maier-Bruck, Vom Essen auf dem Lande; Das große Buch der österreichischen Bauernküche und Hausmannskost, Wien 1981.

Anton Pfalz, Bauernlehr und Bauernweis, Wien 1914.

Helmut Reiskopf – Josef Semrad – Otto Semrad, Münichsthal; Eine Weinviertler Gemeinde ist 750 Jahre alt, Münichsthal 2008.

Patrick Schicht – Wolfgang Galler – Ferdinand Altmann, Schloss & Herrschaft Wolkersdorf, Wolkersdorf 2009.

Leopold Schmidt, Volkskunde von Niederösterreich Bd. 1, Horn 1966.

Leopold Teufelsbauer, Das Jahresbrauchtum in Österreich, 1. Niederösterreich, Wien 1935.

Edgar Weyrich, Der politische Bezirk Floridsdorf-Umgebung; Ein Heimatbuch, Wien/Leipzig/New York 1924.

Und nun zur eigenen Veranstaltung: Oskarverleihung!

DANKE!

an die „Intercontinentale" Welt, die mich in 31 Ländern der Erde botschaftend kochen ließ (was die Republik immerhin mit einem Orden dankte), denn ich denke, nur deshalb fühle ich mich im WEINviertel so pudelwohl, weil ich wirklich vieles gesehen habe (als Arbeitnehmer und nicht als Tourist) und mich deshalb die Landung in Schwechat immer besonders glücklich macht, daheim in Österreich, daheim in Europa, verwurzelt in der Region Weinviertel.

Danke an Eva Rossmann, die die Karkasse, sozusagen das Knochengerüst (Knochenarbeit) für dieses Buch geschrieben hat, die mir immer noch beim Kochen im Wirtshaus maßgeblich hilft, obwohl sie neben Drehbüchern für SOKU Kitzbühel, Theaterstück, A-La-Carte-Magazin, ORF-Club-2-Moderationen so nebenbei pro Jahr einen Kriminalroman schreibt, wovon schon hunderttausende verkauft wurden und in denen fast immer ein Weinviertel-Bezug ist, und aus denen sie nun schon zwischen Wien, Scheibbs und Zürs, Bozen, St. Moritz, Moskau, Schweden, Finnland – heuer kommt eine Lesereise Polen dazu – halb Europa vorgelesen hat! Ihre Romane werden auch auf Italienisch herausgegeben, und Schüler bewältigen damit ihre Deutsch-Matura!

Danke an meine Frau Renske, die mich gelassen mit der nötigen Freiheit ausstattet, auch mal die Nacht zum Tag zu machen, die fast immer weiß, was ich brauche oder nicht brauche, und mir den Rücken seit weit über 30 Jahren freihält!

Danke, dass meine Söhne Benjamin, Jan-Marc und Martijn selbstständig sind und etwas „G'scheits" gelernt haben, dadurch kann ich Wirt & Opa spielen, solange ich will, muss nicht ans Vererben, Übergeben denken.

Danke für die vielen Nachtstunden, die mich über den Ferdl, den a jeder kennt, „wer den net kennt, kennt a des Weinviertel net wirklich", zum jungen „Hofrat" Wolfgang Galler, meinem Co-Autor fürs Geschichtlich-Historische, brachten, der mittlerweile a nimmer jung ist, weil in meiner Nähe wird ma leicht alt, fragen Sie unseren noch wirklich jungen Abgeordneten zum N.Ö. Landtag, Mag. Kurt Hackl. Beim Bauernschnapsen (im TRÖ-XL, einem Wolkersdorfer Jugendlokal mit hohem ideellen Wert für Erziehung im Umgang mit Alkohol, da kennt da Hannes Tröstler nix) sind die Ideen geboren, ein Charity-Projekt fürn „Hofrat" (von dem a jeder im Bezirk was gerne recherchiert & g'schrieben hätt', natürlich umasunst – gings um a Bergmühl, Schlösser, Saftlädn und andere Schuasta), wobei Buchinger & Rossmann nix verdienen, da Ferdinand Altmann seine Landschaftsfotos gratis hergeben muaß. Der „Hofrat" hot schnell recherchiert, viele oide Leit ausgfrogt und gschrieben und gschrieben, dem Buchinger ist ein SonnentoR-Kochbuch dazwischen gekommen, aber dann, ein Urschrei, der Urknall der Teilchenbeschleunigung traf bei einem Promischmausen für was Gutes auf mich, Sibylle Hamtil, die Metroverlag! Den Rest halten Sie in Händen. Gemacht hat es wie immer der Kurt ...

Danke allen meinen Produzenten & Lieferanten, Erschaffende von Bier & Wein, ohne die ich nicht der Buchinger wär', wie hot amoi a Germane in seiner Zeitung gschmiert: „Manfred Buchinger, der kulinarische Andy Warhol des gastronomischen Österreich."

Danke allen meinen Mitarbeitern, ohne die ich diese Zeilen nicht schreiben könnte, nach fast zwölf Jahren nun in Riedenthal bei Wolkersdorf dürfen wir gemeinsam stolz darauf sein, Lehrlinge ausgebildet zu haben, die in Österreichs Spitzengastronomie Fuß fassen konnten, meist haben wir zwischen neun und zwölf Mitarbeiter – wo vorher nur Gras gewachsen ist, ist nun Arbeitsmarkt.

Danke meinem Ortsvorsteher Toni Kirchner, der sich sein Wirtshaus selbst aussucht, last but not least unserer Wolkersdorfer BürgermeisterIn, die mich aus ganzem Herzen immer unterstützt, und sei es nur moralisch, aber das ist so unter uns Obersdorfer Migranten.

Danke fürs Finden von Rechtschreibfehlern, Sie dürfen diese behalten, sagt mein Kollege Schwillinsky aus Langenlois auf seiner Speisekarte!

Danke unseren Gästen aus nah und fern, Danke unseren Gästen aus nah und fern, Danke unseren Gästen aus nah und fern, Danke unseren Gästen aus nah und fern, Danke unseren Gästen aus nah und fern, Danke unseren Gästen aus nah und fern, Danke unseren Gästen aus nah und fern, Danke unseren Gästen aus nah und fern, Danke unseren Gästen aus nah und fern, Danke unseren Gästen aus nah und fern, die sind nämlich wirklich wichtig!

Ein besonderes Dankeschön auch an: Ferdinand Altmann, Edwin Bartl, Stefanie und Ing. Erwin Eminger, Mag. Günter Fuhrmann, Dr. Gertrude und Dr. Werner Galler, Prof. Josef Geissler, Dieter Kögler, Theresia Obermaier, Veronika Opitz, Wilhelm Reidlinger, Anna Rögner, DI Josef Semrad, Bertrut und Karl Waditschadtka, Gisela Wolfram, Maria und Othmar Zenz.

Herzlichen Dank für die freundliche Unterstützung an:

Fotonachweis: Alle Fotos von Miguel Dieterich, mit Ausnahme der Bilder:
Cover oben, Umschlagrückseite Mitte, Seiten 10, 11, 26, 59, 80, 120, 128:
Ferdinand Altmann; Seiten 8, 16, 119: Manfred Buchinger; Seite 13: fotolia.de/
Brigitte Bonaposta; Seiten 29, 65: Wolfgang Galler; Seite 30: Museumsdorf
Niedersulz; Seite 31: Brandlhof; Seite 56: fotolia.de/boscopics; Seite 61: fotolia.de/
Nailia Schwarz; Seite 85: fotolia.de/Christian Schwier

Natürliches Foodstyling „natürlich" Manfred Buchinger.
Alles wurde danach aufgegessen!